OODA《ウーダ》式リーダーシップ

The way of OODA :
Four steps to decision making for global strategies

世界が認めた最強ドクトリン

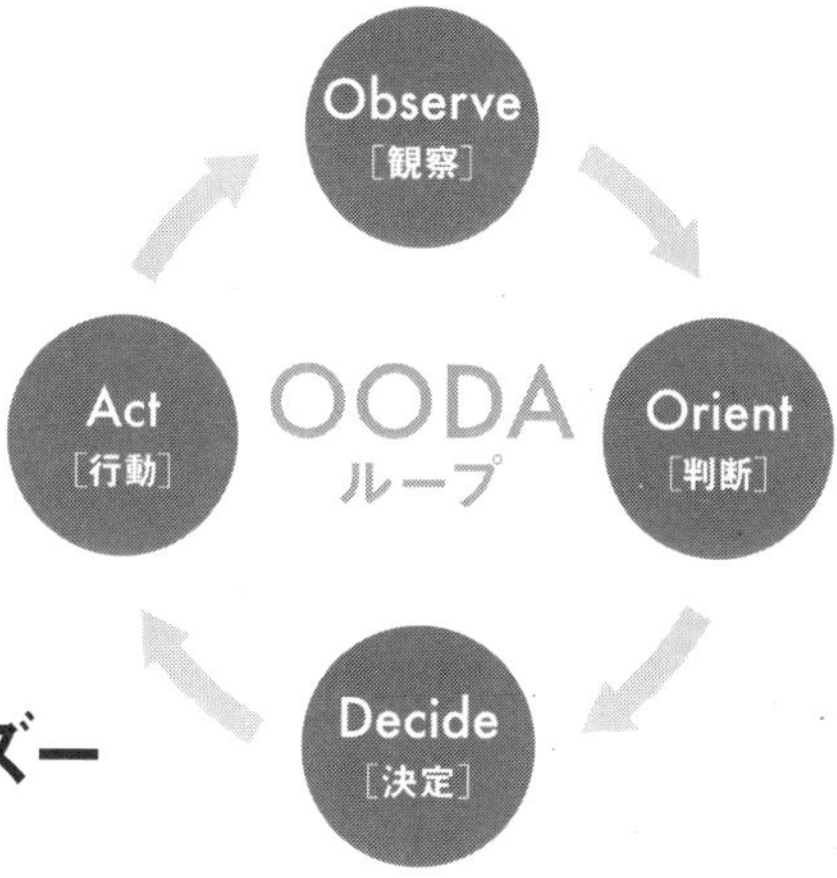

アーロン・ズー
Aaron Z. Zhu

プロローグ

早朝六時。朝日が降り注ぐ南カリフォルニア大学のグラウンドで、私は息を切らしながら長距離走の軍事訓練にいそしんでいた。

数多くのオリンピック金メダリストを生んだグラウンドにとどろく叱咤激励の声は、薄れゆく記憶の中で微かに聞こえていた。青葉の深々とした香りが鼻を刺激し、まだ冷たい空気が肌を通り抜けていった。

「あとハーフマイルだ！　しっかりしろ！」

部隊の同級生の声で、私は大きく呼吸した。酸欠状態の脳みそに活を入れ、ラストスパートを全力で駆け抜けた。

ゴールして間もなく、待っていたほかの同級生の一人が、私の肩を軽く叩いた。苦しかった肺が縮む感覚と共に酸素が徐々に流れ込み、呼吸が整っていく。

早朝の長距離走の訓練は、正直言って苦手だった。でも、毎回ゴールした後の解放感は最高に気持ちよかった。アメリカ空軍予備役将校訓練部隊（United State Air Force Reserve Officer Training Corps／以下、ＲＯＴＣ）第六十支部。かつて私が所属していた訓練部隊だ。

これは、アメリカの大学などに設置された空軍将校を養成するための訓練部隊のことで、私は学生時代にＲＯＴＣで軍事訓練を受けていた。

結局、空軍少尉に任官することなく、大学卒業と共に部隊を除隊し、民間企業に就職したが、何もわからない二十歳そこらの私が「リーダーシップ」というものを最初に教わったのは、ここだった。

日本には「リーダーシップ」の教育が不足している

私は大学までロサンゼルス、東京、上海を転々としてきたが、リーダーシップという概念をちゃんと習ったのはＲＯＴＣに入った後だ。

もちろん、日本の教育を受けたこともあったが、クラスで「リーダー」という役割はあっても、「リーダーシップ」という概念を教わったことはない。日本では体育祭や部活でスポーツマンシップという言葉を聞くことはあっても、義務教育などで「リーダーシップ」の基礎を教わった日本人は、そういないはずだ。

日本の歴史を見てもわかるように、過度な精神論に重きを置いたことで戦争に敗れた日本は、ダグラス・マッカーサー陸軍元帥率いるGHQによって、本格的に資本主義に舵を切り、高度経済成長期に突入した。しかし、公立の教育においては「リーダーシップ」というものに重きを置かれることはなかった。

その理由はいろいろあるが、二〇二三年の今でもブラック校則の改善が話題になるほど、ステレオタイプの過度な精神論が教育現場で問題視されているのが現実だ。


よくたとえにあげられるのが「運動部の練習中に水を飲ませない」とか「練習でウサギ跳びをさせる」とか、医学的にも心理学的にも百害あって一利なしのメニューが、ほんの少し前まで存在したというのだから驚きである。

つまり、経験や科学に基づいたリーダーシップ教育を日本はしてこなかった、というよりも、それを必要とする環境にはなかったのだ。

アメリカのように個々の自己主張が強く、チームを束ねるのに膨大《ぼうだい》なエネルギーを必要としない日本では、なるべく異論を唱えず、空気を読む文化が醸成《じょうせい》され、リーダーシップはそれほど必要とされなかった。どこの組織にもいる〝年功序列による地位だけでふんぞり返っている〟ステレオタイプの中間管理職が、それを物語っている。

「裸の王様」になっていないか

ビジネスの構造そのものがシンプルであれば、高度経済成長期のように問題はなかったかもしれない。しかし、デジタル社会によってビジネスが多様化する中、スピーディーなチームフォーメーションは不可欠だ。リーダーシップ教育が不十分のままでは、国家そのものの弱体化を招くことだってありえる。

こう言うと「そんなの、ただの運動部の指導じゃないか」と思われるかもしれないが、部活の場合「この部に入りたい！」というメンバーの意思が最初からある。

言い換えれば、モチベーションがそれなりにあるメンバーで構成されているが、民間企業だとそうはいかない。人事異動によって入ってくるメンバーもいれば、まったく違う企業文化を持つ中途採用のメンバーだっている。あるいは、もともとやる気がないメンバーもいるかもしれない。

そんな様々な経緯を持つメンバーを束ねるには、リーダーとしての基本的概念がないと話にならない。

「俺はお前の上司だ。だからこの仕事をやれ」では、ただの裸の王様になるし、組織力を最大限に活かすことはできない。

もちろん、労働対価という給与をもらっている分、やるべきことはやるが、組織を劇的によい方向に変化させられる人材は望めない。

現実問題として、そのような中間管理職が多いから、リーダーシップに関する書籍が多く市場に存在しているわけで、私もこうして筆を執《と》った次第だ。

今の日本で起こっている三つの課題

この原稿を執筆するにあたり、リーダーシップの話をする中で、どんな要素を入れるべきかいろいろ考えていたら、改めて今の日本で起こっていることに気づいた。

①軍事戦略を起点とした「リーダーシップ」の概念が十分に浸透していない。
②日本ではＰＤＣＡサイクルが当たり前になってしまっている。
③多くの民間企業の組織構造そのものが現代社会と逆行している。

個人的な感想として、これら三つの現象が、日本で起こっていることに違和感はない。敗戦国である日本で、軍事戦略が民間に浸透しないのは当たり前のことだし、製造業が全体の半数を占める日本で、PDCAサイクルはある意味、重要な概念だ。

さらに、戦後間もなく目まぐるしい復活を遂げた日本が、その成功体験にすがってしまっていることも理解できる。

しかし現実問題として、この国のITは他国よりも何周も遅れ、経済力も減少していくばかり、バブル経済の崩壊から三十年以上も経っているのに、国民の平均所得は一定だ。世界の国々の所得が高くなっている中、日本だけが一人負けしている。その根本的な原因は一人ひとりのリーダーシップ力だろう。

世の中が変化していることはわかっていて、何かやらないといけないことも気づいているが、その方法がわからない。だからと言って、何十歳も年が離れている部下とのコミュニケーションがうまく取れずに悩んでいる。そんな社会人が多いのではないだろうか。

私は日ごろの業務で、事業開発プロデューサー（特定のクライアントによっては、クリエイティブ領域でのクリエイティブ・ディレクターも兼務）として、クライアントと話していると、経営層から人材や離職率について相談されることが多くなった。

最初は新規事業の開発などの話になるが、いろいろ突き詰めていくと、やはり人材の悩みが深刻だということに気づかされる。人事の仕事が企業のエンジンのように重要なものにもかかわらず、それがちゃんと機能している企業はそう多くはない。

どんなに事業の業績がよくても、槿花一朝《きんかいっちょう》になってしまうのが関の山。リーダーシップを身に着けることは、企業や個人の未来を大きく左右するのだ。

変化が激しい昨今のビジネスをハンドリングせよ

それらの要素を含んだフレームワークにOODA《ウーダ》ループというものがある。

元アメリカ空軍大佐で戦闘機のパイロットだったジョン・ボイド氏（John Boyd）が提唱した意思決定プロセスで、PDCAよりも環境変化に柔軟に対応でき、変化が激しい昨今のビジネスをハンドリングしていくリーダーに欠かせない概念だ。

「観察（Observe）」、「判断（Orient）」、「決定（Decide）」、さらに「行動（Act）」の四つに分かれており、意思決定から行動までを網羅している。

さらに、OODAを「イシュー・セリング」という変革ツールと組み合わせることで、スピーディーな組織づくりにも活かすことが可能になる。

本書では軍事戦略をベースに、従来のリーダーシップについてお話をしていくと同時に、多様化するビジネスでどのようにそれを活かし、組織力を発揮していくのか、さらには事業開発の方法やビジネスでのクリエイティブ設計についても説明していく。

なお、それらの話をする上で、歴史上の戦争や事件について解説する場合があるが、そこに政治的意図はまったくない。あくまでも軍事戦略および法執行学、さらには経営学の観点からの分析であることをご理解いただきたい。

本書を手に取った皆さまが、今後のキャリアで素晴らしいリーダーとして、自国の繁栄に役立てていただければ、それ以上に幸いなことはない。

二〇二三年　吉日

OODA式リーダーシップ●目次

第一章
科学的に考えるリーダーシップの定義

第二章 軍事戦略から紐解く「戦略」の要素

第四章 日本でOODAを活かすための変革とは

第一章

科学的に考える
リーダーシップの定義

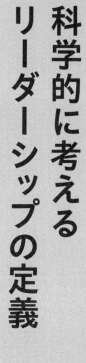

リーダーシップに対する大きな勘違い

まず「身近なリーダー」と聞いて誰が思い浮かぶだろうか。

瞬時に自分の上司を思い浮かべた人、正解でもあるし不正解でもある。

日本企業で一般的に、普通の社員の上司にあたる中間管理職の人たち、そして中間管理職の上司にあたる役員などのクラスにいる人たち、彼らに共通しているのは「マネージャー」という肩書だ。

つまり、部下を「マネジメント＝管理する」ために彼らはいる。

マネジメントの手法は、二十世紀最大の進歩であり、大企業の出現によって生まれた。

マネージャーは、複雑な状況にうまく対応するのが仕事だ。

特に、日本のように産業の半数が製造業の場合、計画や予算管理から製品の品質、さらに組織の秩序や一貫性の維持において、マネージャーは欠かせない存在だ。

部下を適切に配置し、仕事の責任を負わせ、実行状況を監視する仕組みを作っていく。

定期的な報告や打ち合わせという方法を使って、徹底的に管理していく。

優秀なマネージャーは、組織の一貫性を維持しながら、活動を止めることなく、任務を遂行していくのだ。

悪い例として、このマネジメントだけを何十年もやってきた管理職の中には、異端児気質な新入社員や、転職してきた社員に対してアレルギー反応を持つ人もいる。彼らは、自らをクラスの風紀委員だと思い込み、想定外の状況を排除しようとする。

もし、社内でグローバル採用なんてものをやろうものなら、入社してきた異文化の人材とうまくコミュニケーションが取れずに、最終的にはパニックにおちいる。

先ほどの質問に対し、こういう人を「身近なリーダー」として思い浮かべたのなら、それは不正解だ。彼らは、ただのステレオタイプのマネージャーであり、リーダーではない。

一方で「リーダーシップ」とはどういうものなのか。**リーダーの重要な役割は「変化に対応する」の一言に尽きる。**

もちろん、それは単純なものではなく、海のごとく奥が深い。ビジョンを描き、それを達成するための「動機づけ」や「メンバーのモチベーション維持」、大きな障害に直面しても「チームを正しい方向に導く力」は、リーダーだからなしえることだ。

近年、リーダーシップが注目されている理由として、多様化するビジネスの現場では、常に目まぐるしい変化や競争の激化が起こっていて、昨日と同じことをやっていては、もはや成功を収めることができなくなった。

このような環境で生き延びるためには、大規模な変革が必要であり、強力なリーダーシップを持つリーダーが必要になってきた。

たとえば、大企業の改革や新規事業の立ち上げを任されている人や、変化が激しいスタートアップ企業のメンバーは、リーダーでないと務まらない。

先ほどの質問でこのような人たちを「身近なリーダー」として思い浮かべたのなら、それは大正解だ。彼らは立派なリーダーであり、尊敬の対象に値する。

つまり、マネージャーは複雑さに対応し、リーダーは変化に対応する。それが「マネジメント」と「リーダーシップ」の概念だ。

もちろん、両方を兼ね備えている人もいるし、そんな人に出会えたのなら、あなたはラッキーだ。あとはそれなりの人間性が備わっていれば、鬼に金棒である。私も日系や外資企業などのキャリアで、そのようなリーダーに出会えたのは本当に数回だけだ。なかには、まったく出会えない人もいるかもしれない。

いずれにせよ重要なことは、マネジメントとリーダーシップはまったく別のものであり、優れたリーダーと強いマネジメントを結びつけることで、組織はうまく機能する。あなた自身は、自分が得意なほうを目指せばいい。

ただ、これからの時代は変化が激しく、ビジネスでも大きな変革が必要になる。

軍隊で言うと、平時は管理が行き届いたマネジメントで問題ないが、逼迫《ひっぱく》した戦時では迅速な対応ができるリーダーシップが必要になる。

正解はどこにもなく、どう転がるか誰にもわからない。組織の大きさにかかわらず、リーダーシップ力は必須になってくる。

今後、ビジネス領域での活躍を目指すのであれば、そこの概念は少なからず持っておいたほうがいい。

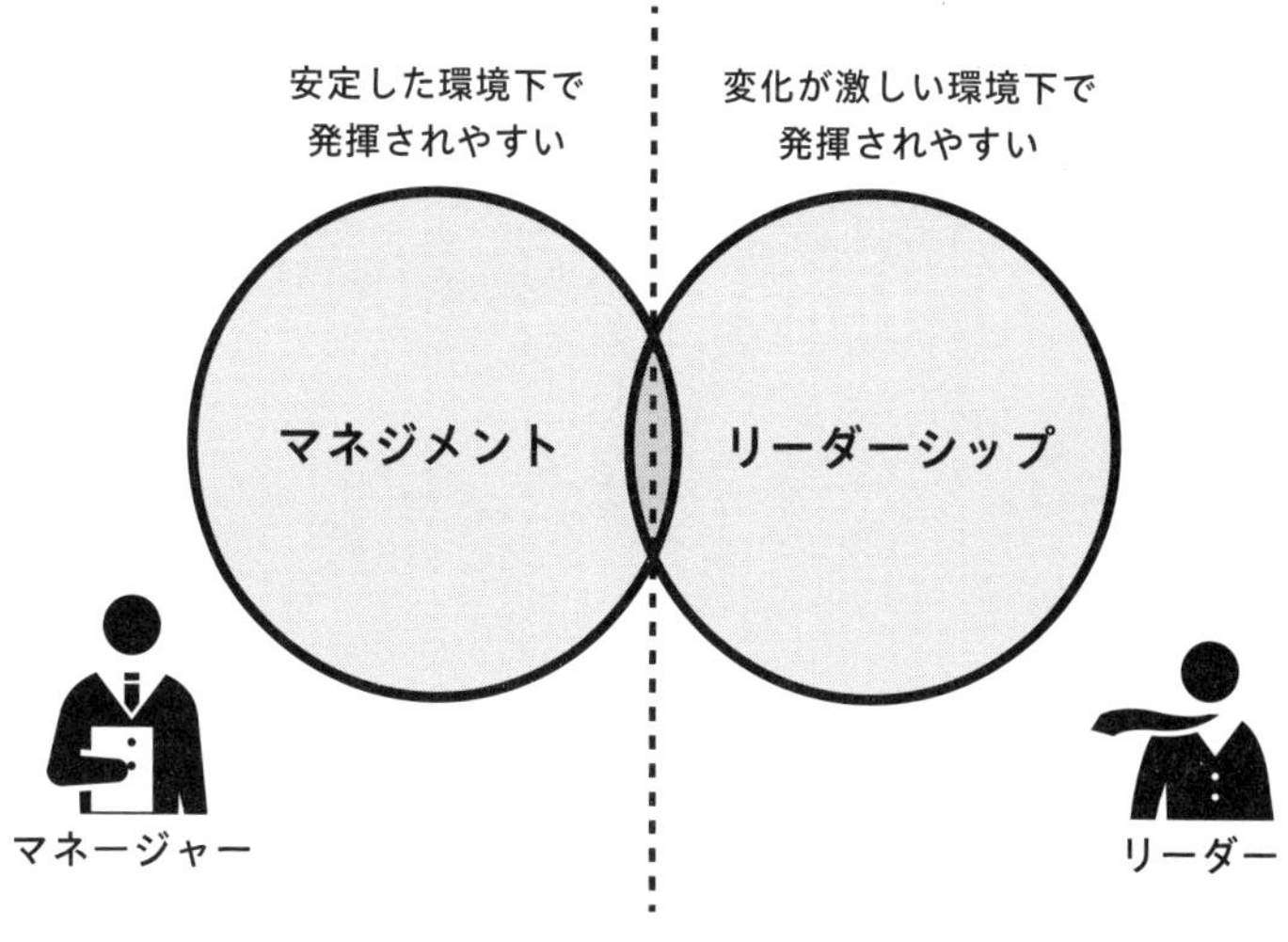

リーダーシップは才能なのか

さて、ここで一つ疑問が出てくる。リーダーシップは生まれ持った才能なのだろうか。これまでに人を率いた経験もないし、そんな性格でもないと思う人も多くいるはずだ。日ごろ、仕事での会話でも「あいつはリーダーとしての才能がある」と言ったような発言を耳にすることもあるかもしれない。しかし、残念ながらここで断言しよう。

「リーダーという才能は存在しない」

元アメリカ空軍ＲＯＴＣ出身の人間として、自信を持って言える。もし、リーダーという才能が存在するなら、ＲＯＴＣのように軍隊が大規模なリーダー育成訓練をする必要はない。才能を見抜くテストか何かで、アーティストを選抜するようにやれば済む。

リーダーシップは、訓練すれば身に着けることができる。これは信じてほしい。なぜなら、決まりきったリーダー像は存在せず、リーダーには様々なタイプがあるからだ。

分析を得意とするリーダー、メンバーを動かすのが得意なリーダー、人間関係を築くのが得意なリーダーなど、多種多様なリーダーがいる。要は、変化が激しく、正解がわからない状況下で、自分なりのゴールを設定し、チームをそこに導くことができるかどうかだ。そのやり方は各々次第で、正解も不正解もない。

もちろん、勝った負けたの結果はついてくるが、それはどこの世界でも同じだ。正解も不正解もないなら、「じゃあこの本でいったい何を学べばいいんだ」と思うかもしれないが、何事にも概念というものは存在する。

これは、中国武術少林拳の巨匠が言った言葉なのだが、**「練習では相手がそこにいるイメージで、実戦では相手がそこにいない想定で」。**つまり、リーダーシップにもそれなりの概念や型があり、訓練ではその方法を学ぶが、実戦でそれをどのように活かすかは、あなた次第なのだ。そこに才能は関係ない。

では、リーダーシップを身に着ける上で、必要な要素を話していこう。

かつて、日本電信電話公社が戦後、電話回線を電機メーカーに発注するとき、第一次五カ年計画、第二次五カ年計画といったように、五年後ごとに計画が二次、三次と増えれば、三十年後のマーケットだって予想できた。

しかし今の時代、そんなことはありえない。一年先のマーケットだって予想するのは簡単ではない。すべての現場は不確実で、テクノロジー開発が想定内に進むこともない。成功している大企業も、スタートアップ企業のイノベーションによって、あっという間に赤字に転落することだってありえる。ハードウェアを作っていたIBMがソフトウェアに路線を変更して生き残ったように、老舗企業はいつの時代も少しずつ変化することで、その世に適応し、ビジネスを続けてきた。

だからこそ、変化に適応できるリーダーが必要になる。そのためには、チームとしての組織力は欠かせない。

では、必要なリーダーの要素は何だろうか。大まかに分けると四つある。

①オーセンティック・リーダーシップ（Authentic Leadership）
本質的な土台である積極的なリーダー。

②サーバント・リーダーシップ（Servant Leadership）
部下を支援する謙虚なリーダー。

③トランスフォーマティブ・リーダーシップ（Transformative Leadership）
　変えられるものを変えていく変容をもたらすリーダー。

④クロスボーダー・リーダーシップ（Cross-Border Leadership）
　文化、人、価値観などの違いを理解し、壁を越えられるリーダー。

　そして、これらの四つをすべて持ち合わせることで、積極性を発揮しながら、一方で弱さも認め、自分自身もチーム全体も変えることができる「最高のリーダー」、

アサーティブ・リーダー（Assertive Leader）が完成する。

これこそが、スタンフォード大学とコロンビア大学の心理研究チームが科学的に導き出した究極の先導者の在り方だ。

あなたは今「最高の無駄」と遭遇していないか

全米の各空軍ＲＯＴＣのオフィスには、そのときの大統領や空軍大将の写真が飾られている。大統領はまぎれもなく最高指揮官であり、各軍隊を束ねるトップだ。そんな最高のリーダーを決めるアメリカ大統領選挙は、アメリカのみならず世界中から注目される。

二〇一六年、民主党から出馬したヒラリー・クリントン氏。私が空軍ＲＯＴＣ時代のオバマ政権で国務長官を務めた人物だ。対する共和党からはドナルド・トランプ氏。日本の故・安倍晋三元首相とも親交が深かった第四十五代アメリカ大統領、この選挙の勝者だ。

アメリカの大統領選では、テレビ討論が今でも大きな影響力を持つ。かつて、ジョン・Ｆ・ケネディ氏とリチャード・ニクソン氏が争った大統領選では、討論の内容だけでは多くの国民がニクソン氏を評価したにもかかわらず、モノクロテレビに映ったケネディ氏の濃い色のスーツが、力強い大統領を彷彿《ほうふつ》とさせたことが勝利の一因となった話は有名だ。

そんな勝敗にも影響するテレビ討論で、ヒラリーはこんな質問を受けた。

二〇一六年、ニューハンプシャー州、
ユダヤ教寺院のラビ（宗教的指導者という意味）
ジョナサン・スピラ＝サヴェットからの質問。

「すべての人は二つのポケットを持っています。ポケットにはそれぞれ違うことが書かれたメモがあり、一つのポケットには、世界は自分のために造られた、というメモ。もう片方には、自分なんて死んでしまえば、ただの灰と埃《ほこり》の小さな存在だ、というメモ。この国のリーダーになるには、強いエゴが必要と同時に、すべての期待に応えることはできない、自分自身が不完全な人間だと自覚する謙虚さが必要です。あなたはこれをどう思いますか」

この質問に対して、ヒラリーはこう答えた。

「日々、二つのポケットのバランスを考え、努力しようと心がけます」

エゴと謙虚のバランスを取ることは難しい。人間は不完全で、そのバランスが崩れることもある。それでも日々の努力をおこたらず、このバランスの維持に努めることが、アサーティブ・リーダーの務めではないだろうか。**リーダーに必要なのは努力であり、才能ではない。**尊敬できる先輩や上司は、常にアサーティブな姿勢であることが多い。

この話を聞いた後、あなたの身近にいる人を思い浮かべてほしい。もし、自分の非を認めず、苦しまぎれな言い訳をする威圧的な先輩や上司がいるのなら、その人らがいかに小さく、くだらない存在であるのがわかるだろう。

もし、その人らによってあなたが悩んでいるのなら、速やかに何らかの方法を使って、関わらないようにするのが賢明な判断だ。なぜなら、その人らはあなたの精神をむしばむガン細胞以外の何ものでもないからだ。

私もキャリア（数社の日系企業や外資企業）の中で、そういう人に出会ったことがあるが、こういう人は徐々にあなたのやる気を吸い取り、活力と希望を奪っていく。数日は耐えることができても、それ以上は身体に影響する。私のように軍事訓練を経験している人だろうが、民間企業しか経験していない人だろうが、そこに違いはない。精神的ストレスに対するキャパシティーに、軍人も民間人も関係ない。

だから本当に辛いときは、怖がらずにＳＯＳをあげてほしい。**人生で偽りのリーダー（もはやリーダーとは呼べない存在）に出会うほど無駄なことはない。**

優れたリーダーは、メンバーに活力と希望を与える。そんなリーダーに出会えたのなら、個人も企業も目まぐるしく成長する。

あるいは、あなた自身がそのようなリーダーを目指し、後輩やチームメンバーを守ってあげることもできる。ぜひあなただけの「アサーティブ・リーダー」を目指してほしい。

組織をダメにする「過度な弱さ」

私が就職した二〇一二年、ちょうど今から十年あまり前だが、日本ではコンプライアンスという言葉がまだ浸透していなかった。もちろん、それに取り組む企業もあったが、以前の職場でも、それなりの昭和的な文化がまだ根づいていて、部署によってはステレオタイプな管理職もそれなりにいた。しかし、十年くらい経てば、世の中はそれなりに変わるもので、最近はステレオタイプな人をあまり見かけなくなった。

特に、コンプライアンスが厳守される昨今、法令に違反していなくてもルールや社会倫理に反していることが明るみに出れば、瞬く間に報道され、社会的批判を受けることになる。こうした中、若手社員の育成に悩んでいる人も多い。そもそも、どうやって部下を注意していいかがわからないし、注意のやり方次第では問題になることもある。

実は、それこそがリーダーをダメにしてしまう盲点でもある。強いだけのリーダーや年功序列によって生み出された偉大なる指導者は、過去の産物だ。

弱くて頼りにならないリーダー、四つの特徴

だからと言って、弱くていいわけでもない。弱くて頼りないリーダーは、その部下もダメにする。スティーヴン・マーフィ重松氏の『スタンフォード式 最高のリーダーシップ』（サンマーク出版）を参考にするなら、あなたの職場にこういう上司はいないだろうか。

①判断すべき場面で「みんなで決めよう」と責任から逃げる。
②トラブルが起きたときに「どうしていいかわからない」と逃げ出す。
③成功したときは「チーム全員の成果」と個々の評価をぼやかす。
④失敗したときは「みんなで決めたことだ」と責任を取らない。

うん、どう考えてもリーダーの素養に欠けている。

こういう人に限って、日ごろの業務での些細《ささい》な場面でも、ドン引きするような行動を取る。たとえば、

・仕事を「部下に任せるよりも早いから」と言って、自分が犠牲になって働く。
・「私は主体性を尊重している」と偽善ぶり、ディレクションせずに業務を丸投げ。
・部下に嫌われたくないから、言わなきゃいけないときに厳しいことが言えない。
・上司に聞かれたときに案件の詳細を把握できておらず、自分の部下にそれを聞く。

こういう組織で成果を収めた例を、私は知らない。軍隊であれば、一瞬にして敵陣に包囲され白旗を掲げる運命になるだろう。

「みんなで決めよう」、何かと批判され、責任を取らされる社会では、本当に便利な言葉だ。しかし、その言葉にはリーダーとしての覇気もなければ、人間としての厚みもない。

エゴと謙虚のバランス。これをうまくコントロールできない人は、年功序列の産物であり、組織やメンバーの能力を最大限に活性化することはできない。

謙虚が出すぎて弱々しいリーダーになってしまうと同時に、エゴが暴走してしまうのも考えものだ。

偽りのリーダーはメンバーに健康被害をもたらす

良言一句三冬暖、悪語傷人六月寒

これは中国のことわざだ。「いい言葉は寒い冬でも暖めてくれるが、悪い言葉は六月でも凍《こご》えるほど人を傷つける」。ちなみに旧暦の六月は真夏にあたる。

日本では、体育会系というものをはき違えているように思える。コンプライアンス社会と言われている昨今、科学に基づかない精神論の強要は問題視されることが多い。

だが、そもそも、日本が戦争に負けた原因の一つとしてあげられている「理不尽かつ過度な精神論」が、民間企業でしぶとく根づいているのは事実だ。後輩に対しては命令口調が当たり前で、仕事が終わった後でも、その上下関係が続いている場合が多い。

簡単に言えば、それは相手に対する「リスペクト」が欠落しているということだ。

先輩や上司に対して丁寧な言葉を使うことはできても、自分の下に対して汚い言葉や威圧的な口調で話す人はそれなりにいる。そこが問題なのだ。

勘違いしてはいけないのが「年次が上＝命令していい」ではない。

民間企業において、直接的なラインで業務命令を下せる上司でない限り、ほかのメンバーは年次問わず同じチームメイトであり、そこに直接的な上下はないということだ（もちろん権限委譲されている場合は除く）。

たとえば、ビジネスで英文のメールを打つとき、最後の締めくくりで「Best Regards」（幸運を祈ります）と書くことが多い。それは、相手への敬意や親しみを込めてだ。

私が所属していたアメリカ空軍ＲＯＴＣでも、メールの最後に「Very Respectfully」（敬意を込めて）と書くのが通例だった。軍隊だからこそ、直接的に相手をリスペクトする。それは、日本人がイメージする体育会系の真逆ではないだろうか。

もちろん、軍事訓練で、直立不動で先輩や上司に大声で罵声《ばせい》を浴びせられることはある。しかし、それは訓練項目の一つであって、訓練が終われば平等な関係に戻る。ただ年次が上だからと言って、そのときの気分でチームメイトに無礼な態度を取るのはありえないし、もちろん直接的な上司であっても、部下へのリスペクトを忘れてはならない。

先の大戦で、理不尽かつ過度な精神論が敗戦の一因だと認識しているにもかかわらず、民間企業でそのような考えが完全になくなっていない日本が、私は不思議でならないのだ。

あなたの身近にも、無礼な先輩や上司がいるかもしれない。その人たちは、自分のエゴと謙虚のバランスを失い、自身のエゴが暴走しているのだ。エゴの暴走によって生まれる無礼な態度は、相手の免疫システムを害することだってある。それによって循環器系の病気、潰瘍《かいよう》、ガン、糖尿病などにかかる惧《おそ》れだってある。

ハーバード大学が二〇一二年に発表した研究では、ストレスは喫煙や肥満と同じくらい健康にとって悪いという結果が出ている。また、アメリカ国立労働安全衛生研究所（NIOSH）の報告によれば、ストレスを感じている労働者は、そうでない労働者に比べて、医療にかかるコストが四十六パーセントも高いことがわかっている。

つまり、無礼な人は、あなたの人生を間接的に破壊しているようなものなのだ。

『Think Civility』の著者であるクリスティーン・ポラス氏が、十七業界の八百人の管理職および従業員を対象に実施した調査によると、職場で無礼な態度を取られている人の八十パーセントが無礼な態度で気が病んでしまい、仕事に使うべき時間を奪われ、七十八パーセントが組織への忠誠心が低下したと答えている。これは、組織力を最大限にするリーダーにとっては致命的な問題で、いかに無礼な人が有害であるかがわかるだろう。

　さらにイェール大学の心理学者、アダム・ベア氏とデイヴィッド・ランド氏が開発した数学モデルを用いた研究結果によると、嫌な人たちに囲まれている人は、無意識のうちに利己的になり、十分に考えることなく行動するようになる。

　チームとして協力したほうが利益になる仕事ですら、利己的な行動を取ってしまう。**よくない環境にいると、自らもその影響を受けて、悪い方向に偏ってしまう。これは科学的にも証明されていることなのだ。**

　無礼な人や圧をかける人、それは言い換えれば、リーダーとして十分な吸引力がないから、そのような行動で一方的に相手を押さえ

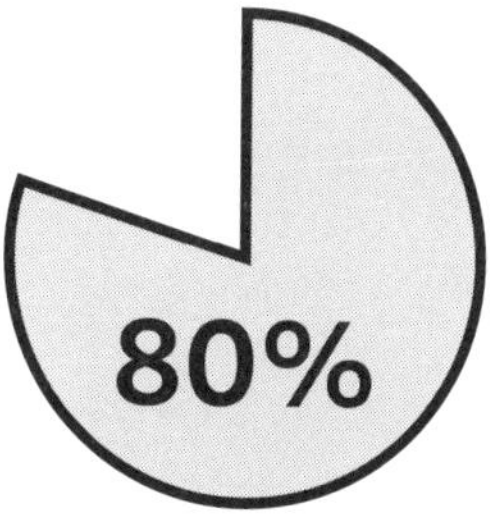

無礼な態度で気が病んでしまい、
仕事に使うべき時間を奪われた。

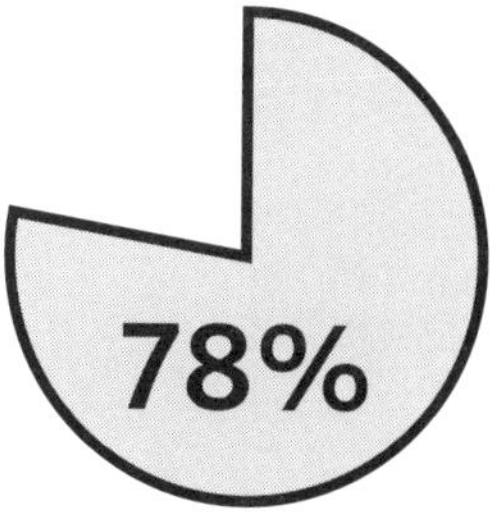

組織への忠誠心が低下した。

つけている人だ。さらに、その行動はチーム全体の組織力を奪い、メンバーそれぞれにも悪影響を与えてしまう。まさに「毒」そのものだ。

では、いったいどうすればいいのか。

根本的な改善策として、適切なコミュニケーションを恐れずに伝えることから始まる。まず、あなた自身が誰に対しても「礼節」を身に着け、その上で無礼な人の態度に屈することなく、会社の然るべき部署に報告をして対応してもらうことだ。そして、次世代で活躍する後輩たちを守る意味でも、あなた自身が礼節を身に着けたリーダーになればいい。

よく無礼な態度を取りつつも、実は裏ですごく後輩思いの先輩がいたりもするが、今の時代、そんな先輩像はただ単に誤解を招く存在でしかない。これは拙著『アイデアは図で考えろ!』（クロスメディア・パブリッシング）でも書いていることだが、わざと失敗を経験させるリーダーは、あまり歓迎されないという研究結果がすでに出ている。

賛否両論はあるにせよ、自分の思いを隠すような昭和的なリーダー像は、今の若者からしたら、理解できるものではない。もちろんリーダーとして、情報はいつ出すか、どのタイミングで出すか、といったようなコントロールは必要だが、部下やメンバーに対する思いは素直に伝えたほうが、いいコミュニケーションに繋がるのは確かだ。

真のリーダーに必要な五つの基本的要素

リーダーとマネージャーはそもそも別物だということ、リーダーに才能は必要ないこと、さらにリーダーにはエゴと謙虚のバランスが必要なことがわかったところで、組織力を高める基本的要素を話していこう。

先ほど説明した「アサーティブ・リーダー」になるには、「エゴと謙虚のバランス」が大事なことはわかったと思うが、そのためには他人への敬意、リスペクトが欠かせない。リスペクトを持って接する雰囲気を作るためには、次の五つの要素が必要だ。

①意義を共有する。
②与える人になる。
③メンバーの強みを見つける。
④フィードバック上手になる。
⑤成果を明確にする。

「意義の共有」がモチベーション維持に繋がる

まず「意義の共有」についてだ。チームには結束力が大事で、リーダーはそれを束ねる存在だ。特に変化が激しい時代では、強力な吸引力を持つことを求められる。偽りのリーダーは、権力を振りかざし「圧」でチームをまとめようとするが、真のリーダーはそんなことはしない。リーダーは「意義」という接着剤でチームをまとめる。

あなたが仕事にやる気が出ないとき、その理由はなんだろうか。評価されないから、それともがんばっても給与が増えないから、あるいは自分の努力が何に繋がっているか見えないから。理由は、それぞれかもしれない。**ただ、人間のモチベーション維持に共通することは一つで、それは「意義の共有」なのだ。**

私がよくたとえるのが「軍人のモチベーション維持」だ。ＲＯＴＣのような訓練部隊ではなく現役の軍人にとって、その任務を遂行するモチベーションはどこにあるのだろう。明日死ぬかもしれない戦場で、軍人がモチベーションを維持しているのは「外発的動機（Extrinsic Motivation）」と「内発的動機（Intrinsic Motivation）」の二つだ。それらは、まぎれもなく「意義の共有」から生まれたもので、チームビルディングの基礎中の基礎である。

ROTCに所属していたころ、軍服姿で買い物をしていると、見知らぬ女性から「国のためにありがとう」と話しかけられることがあった。これはアメリカ国民が軍人に対し、敬意を重んじているからで、「周囲に期待されている」という外発的動機と解釈できる。

また、軍服には功績などを示す「リボン」と呼ばれるバッジや階級、さらには所属を示すバッジなどもつけられている。「自分がどの地位にあり、何をしてきたか。どんな実績があるのか」を、鏡を見るたびに自覚できる。これは自分の立ち位置（セルフ・ポジショニング）を認識する内発的動機となる。

この「外発的動機」と「内発的動機」の二つがうまく成り立つことで、過酷な任務でも軍人は自国のために奮闘できる。

給与や昇進のような外発的動機は「有限」であるのに対して、使命感、責任感、自己成長などの内発的動機は「無限」だ。たとえば、「年収一千万円を得るために会社の業績を上げる」と、「お世話になった上司のために会社の業績を上げる」では、まったく意味が違ってくる。前者は「お金という利益」からなる「有限の報酬」＝「外発的動機」に対して、後者は「恩返しという使命感」からなる「無限の報酬」＝「内発的動機」だ。

有限の報酬は、自分の行動にその報酬が見合わなければモチベーションは失せるが、無限の報酬は、そのようなことは起きにくい。チームビルディングにおいて、この内発的動機を最大化することが重要で、その根本が「意義の共有」だ。

なぜこの仕事をするのか、なぜこの行動をするのか、その意味をしっかり共有することでメンバーのモチベーションは変わってくる。

そして、その仕事が会社にとってのメリット（業績や利益などの有限のもので構わない）と、そのメンバーにとってのメリット（使命や責任、さらには自己成長などの無限のものがメイン）になることを、しっかり伝えてあげることが大事なのだ。

気前よく「与える人」ほど多くの収益を上げる

次に「与える人になる」の話だが、中国のルーツを持ち、外国に移住した人々を華僑《かきょう》または華人と呼んだりする。その商才は「東洋のユダヤ人」とも言われるほどの腕前だ。ずば抜けた人間力で瞬く間にビジネスの座組を作り、独自のネットワークでスピーディーに案件を推し進め、あっという間に事業をユニコーン企業へと変貌《へんぼう》させる。

一方、日本は、製造業がメインだった高度経済成長期から一転、バブル経済の崩壊を機に、経済は「失われた三十年」と言われるほど停滞したままだ。しかし、そのバブル期では普通にいて、今ではあまり見かけなくなった**昭和気質がただよう五十代のおじさん社員のほうが、実は華人に似た商才を持ち合わせている**ように見受ける。

華人と彼らには、ある共通点がある。それは「非常に気前がいい」ということだ。別の言い方をすれば、とても頼れる存在で、社内の人脈を熟知し、同期には役員や社長にまで昇りつめた人もいて、若手社員への面倒見がいい。なかには飲み会やランチで、一度も後輩にお金を払わせたことがない人もいる。

個人の性格や企業文化にもよるが、人間が持つリソースは様々だ。それは知識、人間関係、時間など、その人が時間と経験、さらにはバックグラウンドによって積み重ねてきたものだ。実は、これを他人に惜しみなく分け与える人ほど優秀なのだ。

「GIVE&TAKE」の著者、ペンシルベニア大学ウォートンスクール教授のアダム・グラント氏も、ビジネスの世界ではいかに与えることが重要かを説いている。グラント氏は、他人に多くを与える気前のいい人ほど、多くの収益を上げ、他人を助ける学生ほど、卒業するときに優秀な成績を修めていることを発見した。

長期的な「人間関係」と働く「意欲」

これには二つの要素が大きく関係している。

一つ目は「人間関係」だ。ビジネスは一人でできるものではない。社会学の領域にあるビジネスの根本には人間関係がある。周囲の人たちと関わることで、何年たっても途切れない関係になるし、この繋がりが長期的な成果に結びつく。

中国では、友人との食事で割り勘をする文化があまりない。暗黙の了解として、Aさんが今回おごったのなら、次回はBさん、そして次はCさんと順番に払う文化だ。そうすることで次回も一緒に食事ができるので、その関係は途絶えることがない。もし割り勘なんてしたら、それっきりで、次に食事する機会がなくなるかもしれない。

これは一つの例だが、**華人は様々な方法で人間関係を維持する技を持っている**のだ。

旅行や出張先でも気になるものがあれば、とりあえず買っておいて、何かの機会の贈りものとして備えておく。企業や役職以前に、一個人として交流することで、長期的な関係値を築いていくのだ。日本だと「消えもの」と言われるお菓子や、もらっても負担を感じないものが主流で、いわゆる「お気持ち」程度のお土産だ。もちろん、それもそれでいいのだが、人間関係を継続するには取るに足りないものだろう。

いずれにせよ、長期的な人間関係は、頼れるリーダー像への秘訣《ひけつ》とも言える。

二つ目は「意欲」だ。人間は声に出して話したり、紙に書いたりすることで、物事を整理し、自分の気持ちや立ち位置を再認識することができる。自分のリソースを他人に共有することで、「セルフ・ポジショニング」の認識が深まる。すると、そこから強い「内発的動機」が生まれ、困難なことが起きても簡単には折れないようになる。

先ほども説明したように「内発的動機」は「無限」のものであるため、チームを引っ張るリーダーには不可欠だ。その思いが強ければ強いほど、チームへの「意義の共有」もしやすくなる。組織力が弱い企業や社員の離職率が高い企業に共通するのは、この「働く意欲」が原因なわけで、その裏では人間関係が大きく左右している。

スタンフォード大学大学院教授チャールズ・A・オライリー氏と、ハーバード大学ビジネススクール教授マイケル・L・タッシュマン氏が提唱した**「両利きの経営」**という考え方がある。

企業の既存事業を「知の深化」と位置づけ、軌道に乗っている既存事業は、効率化や品質管理を重視するため「マネジメント」が重要になる。一方、新規事業を「知の探索」と位置づけ、何もかも手探りの新規事業は、未知の分野に挑戦していくため「リーダーシップ」のほうを強化しなければならない。この二つを両立するのが「両利きの経営」だ。

社内人脈に熟知し、面倒見がいいおじさん社員は「知の深化」であり、動きがよく、好奇心あふれる若手社員は「知の探索」そのものと言えるだろう。

最近は、昭和気質がただようおじさん社員と話すのが苦手な若者がいるかもしれないが、ビジネスで成功する秘訣は、「気前がよく、面倒見がよいおじさん社員」と「世の中に敏感でスピード感がある若手社員」のチームワークなのだ。

さて、与えると言っても何を与えるかがポイントだ。

人間のリソースには「情報的リソース」

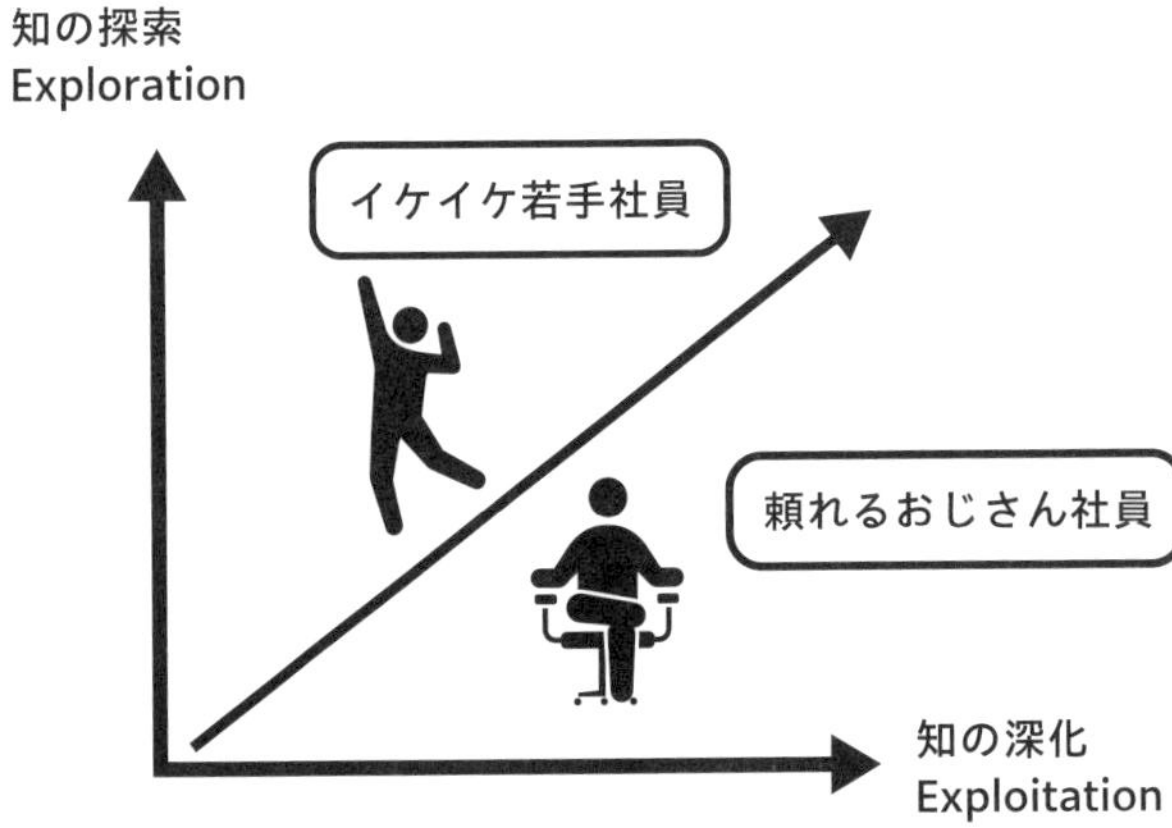

「社会的リソース」「個人的リソース」の三つがある。

情報的リソースは知識や技術で、社会的リソースは立場やそれによって得られるもの。たとえば、A社の役員や社長を知っているから、ビジネスを迅速に進められたりすることだ。

最後が個人的リソースで、あなた自身の時間を使ってサポートするリソースだ。

実は個人的リソース以外は、与えた相手次第で、一度だけ与えれば物事が回る

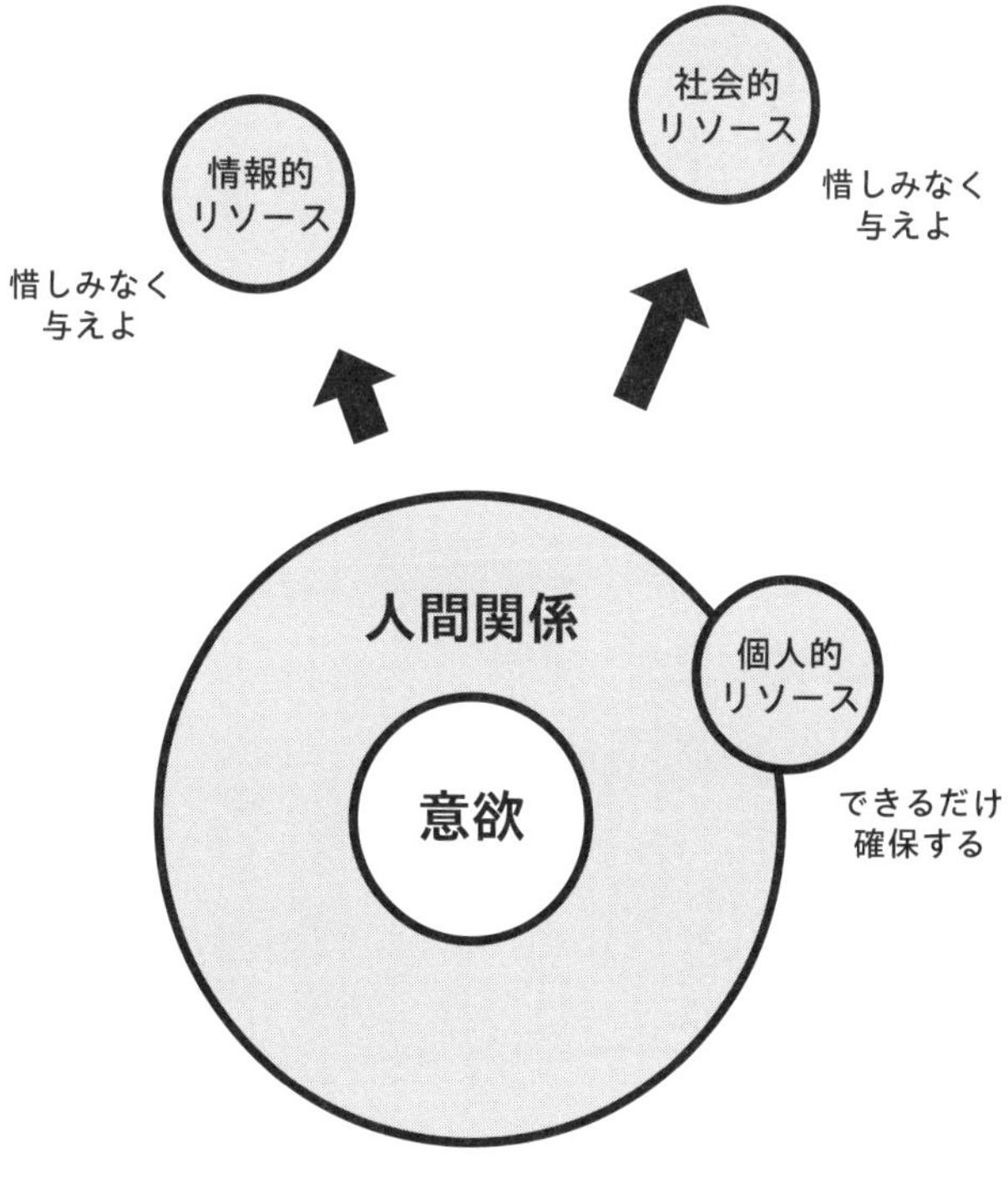

が、個人的リソースだけはそういかない。分け与えると自分の時間が減ってしまい、ほかのことが後回しになる可能性がある。

つまり、**なるべく情報的リソースと社会的リソースを分け与え、それでも回らない場合だけ、個人的リソースを与える優先順位をつけることが大切**なのだ。

そうしないと、リーダーとして、自分自身の首が回らなくなるので注意が必要だ。

「メンバーの強み」を見つけたら シンプルに集中させよ

「メンバーの強みを見つける」話の前に、狐とハリネズミの話をしておこう。

狐は狡猾《こうかつ》で、回りくどい作戦を使い目的を達成しようとするが、ハリネズミは単純で狐に襲われそうになったら、ただ単に身体を丸めるだけの防御に入る。結局、狐はいつもあきらめてしまい、ハリネズミの捕獲に失敗する。

これは人間にも言えることで、人間関係をいじくり回して自爆する人よりも、シンプルに自分がやるべきことに集中したほうが成果を上げやすい。ジム・コリンズ教授の『ビジョナリー・カンパニー2　飛躍の法則』（山岡洋一訳、日経ＢＰ）によると、成功の秘訣として「ハリネズミ戦略」を提唱している。
これには三つのエッセンスがある。

①世界一になれる可能性があるもの。
②情熱を持って取り組めるもの。
③利益をもたらすもの。

この三つのエッセンスで「利益をもたらすもの」だけは企業のメリットであり、その他二つは個人のメリットだ。どの事業が利益をもたらすかは経営判断だし、そこは会社との対話で決めるとして、「世界一になれる可能性」と「情熱を持って取り組めるもの」は、メンバーの能力によって左右される。難しいのが得意だからと言って、好きとは限らないし、好きだからと言って、必ず得意なことで

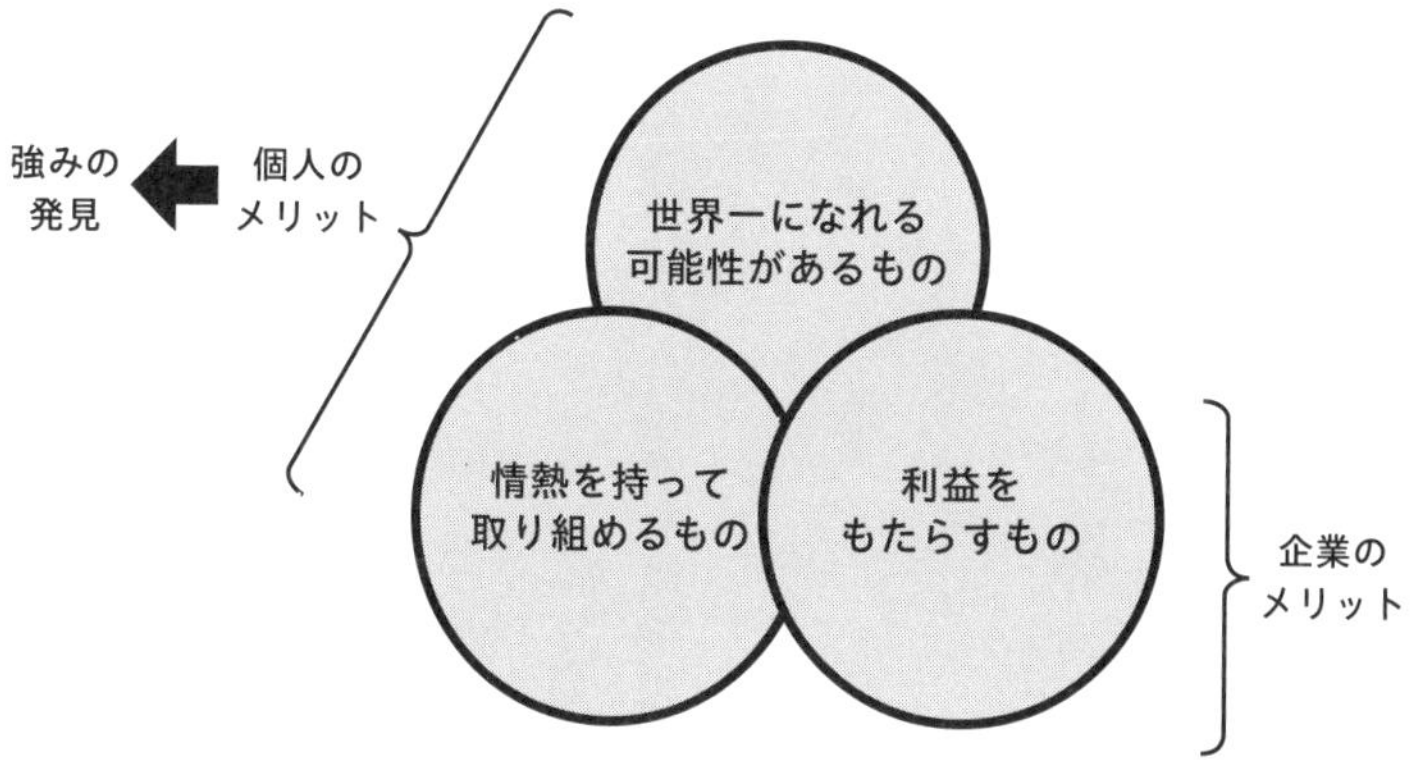

もない。**この二つをバランスよく見つけるには、リーダーとしてメンバーの「強み」を引き出してあげることが重要になる。**どんなに好きなことでも、そこにメンバーの強みを発揮できなければ意味がない。強みが発揮できて、それを好きだと思える仕事は、意外と見つけるのが難しい。もしそれを見つけられたのなら、あなたはラッキーだ。

不得意なことを克服しろと言う上司もいるが、正直それは誰のためにもならない。いろいろな経験をして得意なことを見つける小学生ならまだしも、大人になってそんなことをしても意味がない。誰にも負けない仕事、そこから湧き出る情熱が、メンバーと組織を強くするのだ。**もし、あなたの身の回りで、いまだに我慢と克服などと過度な精神論を説く先輩がいるのなら、早々に関係を切ったほうがいいだろう。**

有能なリーダーは、メンバーの強みを引き出すことに注力するべきなのだ。

組織は「フィードバック」次第で維持できる

「フィードバック」が苦手な人に会ったことはあるだろうか。

私はある。社会人になって三年目のころ、日系企業の大阪支店で、先輩に「（私の）仕事のフィードバックをしてほしい」と頼んだときのことだ。

アメリカでは、フィードバックというものは一般的な認識だが、日本では正しいフィードバックというものが浸透していなかったのか、その先輩は仕事での私の改善点について長々と話し始めた。たぶん、フィードバックを改善点と勘違いしたのだろう。

ストレートに言えば、日本人はフィードバックがヘタだ。相手を褒めることに慣れていないからだろう。職場で「今日のファッションは素敵だね」「そのアイデアは素晴らしいね」などの言葉が聞こえてこないのが、その証拠だ。まぁ、それはそれで文化の違いなので肯定も否定もしないが、組織力を高めるにはフィードバックは重要な要素なのだ。

いい仕事をすると褒められる。褒められるからまた努力する。そして大きな成果を生む。**このようなポジティブ・フィードバックは、褒めた人よりも褒められた人にとって忘れられない記憶になる。**子どものころ、先生に褒められた経験が、あとに将来を大きく左右したなんて話をよく聞くが、まさにそれだ。

チームは生きものだ。立場が人を変えるように、集団の中で個人は変化する。組織ぐるみの犯罪が、ときどきニュースのトップを飾ることがあるが、まさしく個人が集団によって変えられた悪い例だ。

集団心理の危険なところは、個性がなくなることだ。つまり、リーダーの考えは簡単にチームに伝染する。リーダーがよくないから、組織が腐っていくのだ。イェール大学の社会心理学者アーヴィング・ジャニス博士は、集団心理が強くなる要素を三つあげている。

①バックグラウンドが似ている。
②外部の意見を取り入れない。
③意思決定のルールが決まっていない。

いかがだろうか。圧倒的多数が日本語を話し、ほとんどの社員が大学卒業と同時に就職活動にいそしみ、平均的な生活環境で教育を受けた日本人は、バックグラウンドが似たり寄ったりだ。欧米と比べると圧倒的に転職をしたがらない状況も、外部の意見を取り入れにくくしている原因となっている。

さらに「前例通り」「社長や役員の鶴の一声」といった意思決定は、ルール自体が曖昧《あいまい》な場合が多い。

つまり日本だからこそ、集団心理が作用しやすく、チームへのリーダーの影響は強いのだ。それがゆえに、メンバーへのフィードバックは組織力にも関わる。

重要なのは、フィードバックを受けたメンバーが、どのような感情になるかを理解すること。そのフィードバックにどういう理由があるのかを、十分に理解させないといけないし、率直で素直でなければならない。

メンバーはバカではない。変な誤魔化しや上辺だけの言葉は見透かされ、あなたは裸の王様になってしまう。ポジティブなフィードバックはなるべく早く、ネガティブなフィードバックは真剣にすることで、組織力の維持に努めなければならない。

「無限のモチベーション」を明確にする組織作りを心得よ

成果を曖昧にするリーダーは最悪だ。どんなに組織をうまくハンドリングしても、最後の成果を明確にできないリーダーに次はない。

私がよく若手社員に相談されるのが「仕事に意味を見出せない」という類の内容だ。どんなに仕事に意義を見出していても、自分が築いた成果を認めてもらえなければ、人間のモチベーションはいずれ下がる。前のほうでも説明したように、もし軍人が成果を上げても左胸のリボンが増えなければ、セルフ・ポジショニングが揺らぐだけだ。

成功したスタートアップ企業A社では、毎月表彰式をおこなう。成果を上げた社員や、がんばった社員を何名かピックアップし、その仕事ぶりを称えるのだが、じつはそれこそが組織力の向上に大きな効果をもたらす。

よく四半期とか、年に一回だけ社員の成果を称えるような賞を設定している企業があるが、正直に言ってそういう賞は形式的なもので、組織力の向上に何の役にも立たない。

というのも、賞の目的はメンバーのモチベーション維持や向上であって、年に三人くらいしかもらえない賞に何の意味があるのだろうか。せいぜい嬉しいのは表彰された三人くらいだ。それがチーム単位であっても、メンバー一人ひとりからしたら、静観して拍手する以上の効果は得られない。

本項の冒頭でも「エゴと謙虚のバランス」と言ったように、成果は人間のエゴに直結するものだ。だから軍服の左胸には、成果の証であるリボンをつけられる場所が設けられている。つまり、がんばり損をさせるのではなく、メンバーそれぞれの努力を成果として称えてあげることが大事なのだ。

もちろん「毎月全員を表彰しろ」と言っているわけではない。**がんばったら、それなりに褒められるシステムを作ることが重要なのだ。**当然チームの成果は、リーダーだけのものではない。誰が何をがんばったのか、それを共有してあげることも重要だ。

組織をダメにするリーダーは成果を曖昧にするが、エゴと謙虚のバランスが取れているアサーティブ・リーダーは、成果を自分だけの手柄にせず、メンバーそれぞれが認められる組織作りをする。日常的に喜び合える仲間がいることで、チームが活性化していくのだ。

金一封よりも賞そのものに価値を見出せ

あと一つ注意してほしいのは、お金で釣らないことだ。

賞についてくる金一封は、外発的動機からなる有限なものだ。一万円や二万円もらったところで、努力がそれに見合わなければ、人はあっという間にシラケてしまう。金一封よりも、賞そのものに価値を見出さなければならない。

賞金だけのために芥川賞を目指す人はいないだろう。それなら、アルバイトでもしたほうが何百倍も効率がいい。芥川賞という賞そのものに価値があるから、人はそれを目指す。

しかし企業内での表彰だと、賞そのもののレベルを上げてしまうと、ほかのメンバーに行き届かなくなる。だからこそ、メンバーの努力したストーリーや、その根本である使命感や責任感にフォーカスして称えてあげるのだ。それこそが、内発的動機からなる無限のモチベーションに繋がると言える。どんな人も、誰かのヒーローでありたいのだから。

長年マーケティング部門がなかった日本企業

昔、スタートアップ企業B社で顧問をしていたとき、ある大手電機メーカーに簡単なシステムの開発を発注しようとしたら、二千万円の開発費用とは別に三千万円の試験費用を提示されたことがある。

ただでさえ資金がカツカツだったので、私が「開発費用以上の試験費用って、何をするのですか?」と聞いたら、先方の担当者から「システムにバグなどがないかを検査したり、一定期間だけテスト運用したりするためのものです」と真剣に言われた。

いやいや、それはわかるが、いくらなんでも開発費用と試験費用の割合がおかしい。似たようなシステムを一千万円くらいで作っている企業が山ほどあるのに、何の試験をしたら追加で三千万円もかかるのか。

要は、簡単なシステムであっても、過度な試験運用を何度もおこない、極限に完成されたものを作るらしいのだが、正直に言って、柔軟性がなさすぎると言わざるをえない。

日本の製造業が他国と比べて、競争力が衰えた原因の一つがＣＭＯ（Chief of Marketing Officer）への軽視だ。 欧米企業と比べて、日本企業のＣＭＯの任期が短いだけに留まらず、そもそも大手電機メーカーで長年マーケティング部門が存在しなかった。

もっと詳しく言えば、マーケティングという名前の部署はあったが、そこは製品価格やＢＥＰ（Break Even Point／損益分岐点）などを管理するのが主な仕事で、消費者の声と開発部門を結ぶ役割は果たしていなかった。

消費者が、シンプルでわかりやすい商品を求めたとしても、その心理を知る術がなかったため、開発部門のエンジニアは、自分たちが描く最高の技術を詰め込んだ製品を世の中に送り出すことに注力した。その結果、スタートアップ企業が短期間で安く開発できるシステムを、長期間で高い価格で作ってしまうのだ。

でも、考えてほしい。今の時代、数ヵ月で衰退するサービスなんて山ほどある。**アップル社のように、完成したらまずリリースし、バージョンアップという方法で徐々に改善していくのも方法の一つだ。**

むしろ、最初から完璧すぎる商品なんて必要もなく、消費者の声や世の中の動向を見ながら、それに適した商品に修正していくのが賢明な判断なのだ。

社会人一年目をリーダーに据える狙い

この違いは何なのか。その理由の一つが、日本という国に浸透した「ＰＤＣＡ信仰」だ。ＰＤＣＡサイクルは、Plan（計画）、Do（実行）、Check（評価）、Action（改善）の頭文字を取ったフレームワークで、一九五〇年代、品質管理の父といわれるウィリアム・エドワーズ・デミング氏が提唱したものだ。書店やネットにはＰＤＣＡの書籍があふれ、企業でも「ＰＤＣＡを回せ」とか「ＰＤＣＡができるやつは凄い」などの声が聞こえてくる。

たしかに、ものづくり国家・日本が品質を高めるために取り入れたＰＤＣＡは、あらゆるビジネスシーンで役立っている。それを否定するつもりもない。安定した環境において、ＰＤＣＡは大いに役立つツールだ。

しかし先ほどの例のように、過度な品質の追求に走ったゆえに、時代のスピード感に取り残されているのでは本末転倒だ。立てたPlan（計画）を柔軟に変更できなければ、当初の納期のために隠蔽《いんぺい》や不正などに繋がる可能性だってあるし、先ほどの例のように簡単なシステムに過度な試験費用を請求することにも繋がる。
発注側として、「試験運用は四分の一に短縮しても構わない」と言っても、「これがルールだから」「前例がない」、さらには「役員クラスじゃないと判断できない」といった具合に、判断するだけでも何重もの層をまたがないと決められない。

皆さんは、この状況をどう思うだろうか。

ビジネスが多様化し、先行きが不透明な時代に必要なのは、チームを一つにまとめ上げるリーダーシップであり、その生命線とも言えるのがスピード感だ。

成功したスタートアップ企業は、社会人一年目や二年目を子会社の社長やチームのリーダーに抜擢《ばってき》することがあるが、その目的は柔軟性に富んだスピーディーな経営判断能力を養うためだ。
リーダーになれば、毎日何度も判断を迫られる経験ができる。その中でつちかった能力は、今後のキャリアで大いに役立つだろう。もし、その経営判断が失敗だったとしても、それはそれで仕方ないことだ。
ただ、若いときの失敗よりも、年を取った後の失敗のほうが厄介だ。組織の成長を本気で考えるなら、若手が活躍できる機会をたくさん与えることを考えたほうがいい。

今の時代こそ必要なＯＯＤＡ式リーダーシップ

さて、ここまでリーダーとしての「柔軟性」や「スピード感」を強調してきたが、実はそれらの要素を含んだ画期的なフレームワークがある。元アメリカ空軍大佐で戦闘機のパイロットだったジョン・ボイド氏（John Boyd）が提唱したＯＯＤＡ《ウーダ》ループというものだ。日本ではまだ馴染みが薄いが、時々刻々と変化する環境で成果を得るためのフレームワークだ。ＰＤＣＡよりも環境変化に柔軟に対応でき、変化が激しい昨今のビジネスをハンドリングしていくリーダーにとって、欠かせない考えと言っても過言ではない。

ＯＯＤＡループ（以下、ＯＯＤＡ）は、四つのプロセスに分かれていて、一周することで意思決定から行動までのプロセスがなされる。ここはＰＤＣＡとまったく同じなのだが、各プロセスの内容がＰＤＣＡとは異なる。

ＰＤＣＡのプロセス

計画（Plan）

実行（Do）
評価（Check）
改善（Action）

OODAのプロセス

観察（Observe）
判断（Orient）
決定（Decide）
行動（Act）

OODAでの各プロセス

【観察】

まず「観察」では、現状を把握して客観的な情報を集める。「〇〇と思われる」ではなく、「現状で何が起きているか」「どのような状況にあるか」などをそのまま収集する。

ここで注意してほしいのが、推測や判断はおこなわないということだ。あくまでも客観的に物事を観察する。まだ判断する段階ではないので、どんなに不利な情報であっても、

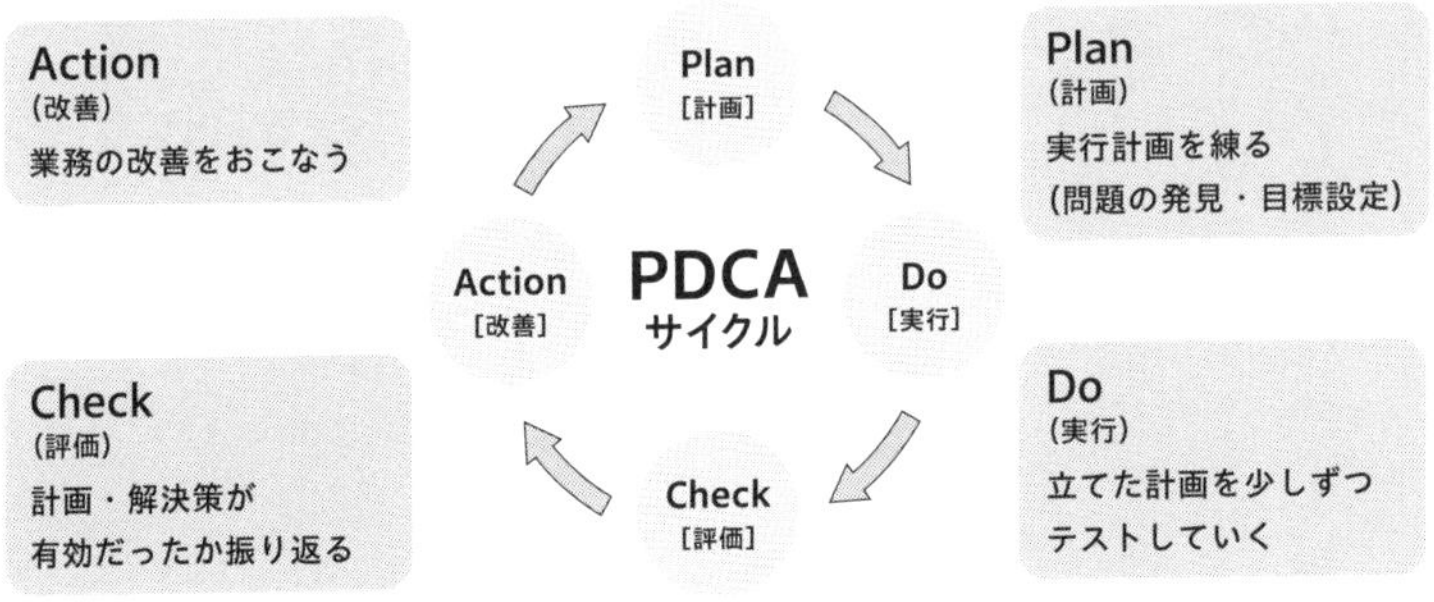
Action
(改善)
業務の改善をおこなう
Plan
[計画]
Plan
(計画)
実行計画を練る
(問題の発見・目標設定)
Action
[改善]
PDCA
サイクル
Do
[実行]
Check
(評価)
計画・解決策が
有効だったか振り返る
Check
[評価]
Do
(実行)
立てた計画を少しずつ
テストしていく

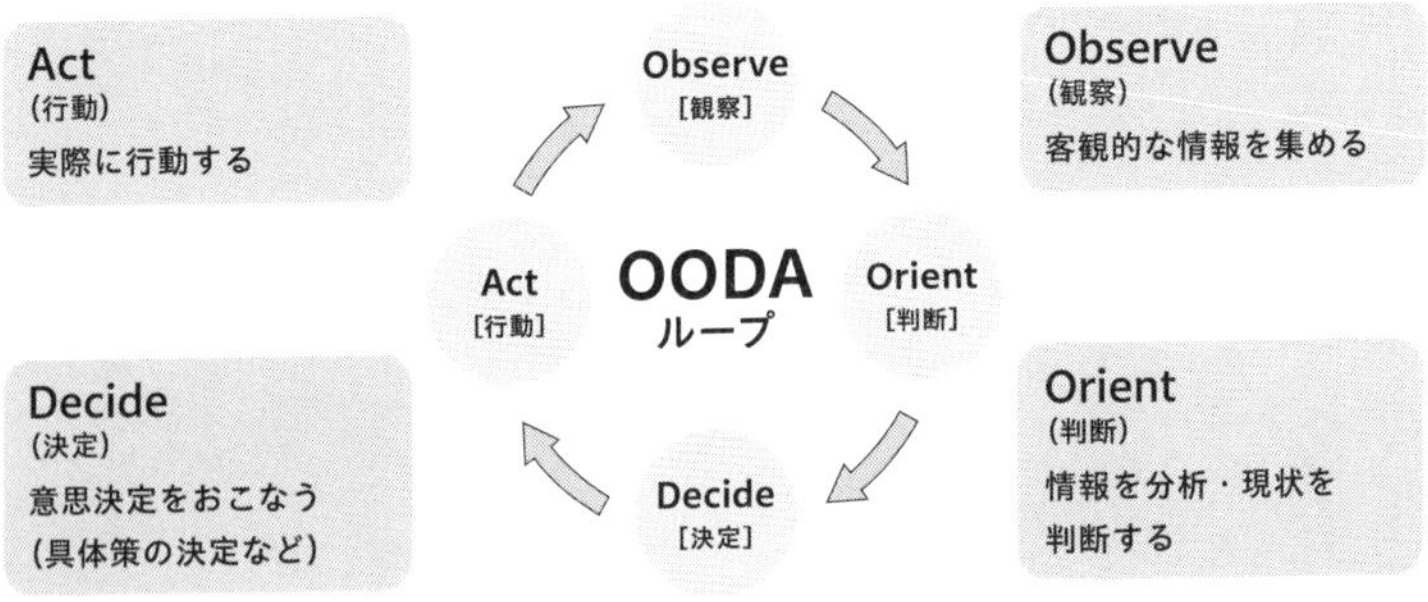
Act
(行動)
実際に行動する
Observe
[観察]
Observe
(観察)
客観的な情報を集める
Act
[行動]
OODA
ループ
Orient
[判断]
Decide
(決定)
意思決定をおこなう
(具体策の決定など)
Decide
[決定]
Orient
(判断)
情報を分析・現状を
判断する

事実を受け止め、自分なりのバイアスをかけないことだ。

【判断】

次に収集した情報をベースに「判断」を下すプロセス。これまでの傾向や過去の経験などから判断する。**ここで重要なのがリーダーの経験値だ。**たくさん経営判断を経験しているリーダーほど、それなりの場数を踏んでいるので迅速な判断ができる。年功序列の企業だと、若手は判断をする経験がなかなか積めない。

【決定】

観察と判断をベースに具体的な行動を「決定」する。**この決定こそがリーダーとして能力が問われる。**エゴと謙虚のバランスが崩れた弱すぎるリーダーだと、「みんなで決めよう」と無責任なことを言い出す。もしあなたの周りにこういうリーダーがいたら、即座に対応策を考えよう。なぜなら、そのプロジェクトは大いに失敗する可能性があるからだ。

【行動】

最後に決定事項を「行動」に移す。池に小石を投げると波紋が起きるように、行動に移すことで何かしらの状況変化は起こる。ここで再び「観察」に戻りながら、起きた変化に対して仮説を検証する。これを何度も繰り返すことで、不安定な環境下でも柔軟な対応ができるという流れだ。

PDCAと違って、OODAは高速で回さないといけない。詳細は後でじっくり説明するとして、このOODAを回すことで、小さな新規事業でも大きな既存事業をおびやかすことも夢ではないのだ。

ネットで検索しても、これくらいの情報は出てくるだろう。

しかし実際の話として、OODAをこの程度しか理解していないのならば、「ふーん。そういうものか」と、机上の空論で終わってしまう。せっかくビジネスに役立つ重要な鉱脈を見つけても活用できない。

OODAは、元アメリカ空軍のボイド大佐が提唱したものだけに、そこには根本的な軍事戦略の意図が存在する。私自身がこうして筆を執っているのは、ボイド大佐と同じ予備役将校訓練部隊（ROTC）に所属していたご縁もある。

軍事戦略をかじった端くれとして、OODAが持つ「軍事的なエッセンス」と「ビジネス的なポテンシャル」について話していこう。

軍事もビジネスも計画通りには進まない

ボイド氏がアメリカ空軍に入隊して間もなく、アメリカは朝鮮戦争の最中だったため、彼も朝鮮に派遣された。ここでＦ－86戦闘機（North American F-86 Sabre）のパイロットとして、二十二回にも及ぶ実戦出撃を経験することとなり、これが後に彼が提唱する理論の土台になったことは間違いない。

終戦後、ボイド氏はアメリカ空軍兵器学校（United States Air Force Weapons School）でＦ－１００戦闘機（North American F-100 Super Sabre）の教官を務めることになるが、彼はここで空中戦戦術家として「不利な位置から開始して、四十秒以内に位置を逆転させる」（後方の攻撃位置を占位する意味）賭けをおこない、六年間で実に三千時間にも及ぶ戦闘訓練で無敗を誇ったのだ。この実話から、彼には「四十秒のボイド」というニックネームがつけられた。

余談だが、戦闘機の教官と言えば、映画「トップガン」のピート・ミッチェル大尉（コールサイン：マーヴェリック）を思い浮かべるかもしれない。ただ、ミッチェル大尉は

（続編の「トップガン：マーヴェリック」では大佐）アメリカ空軍ではなく、アメリカ海軍のパイロットだ。空軍と勘違いしている日本人が多いので、念のため補足までに。

さて、話を戻そう。

ボイド氏は自身が経験した朝鮮戦争での航空戦をベースに、指揮官としての意思決定プロセスを理論化する。これこそがＯＯＤＡだ。イギリスの国際政治学者コリン・グレイ氏は、ＯＯＤＡをグランド・セオリー（Grand Theory）、あらゆる分野で活用できる理論として評価している。

容易に想像できるように、ＯＯＤＡは、ボイド氏の戦闘機を用いた空中戦での実戦経験をベースにして考案されたものだ。

その原則は「危険」「恐怖」「不確実性」で、生きるか死ぬかの状況下での意思決定プロセスに重点を置いている。これらの要素は戦争だけでなく、マーケットが不安定な昨今のビジネスにも通ずる。

OODAは、「安定した環境下で、既存事業をどうマネジメントするか」ではなく、「不確実が多い新規事業で、どうチームをリードするか」に適した理論と言える。

最近では、「ＰＤＣＡを高速回転させる」書籍が流行っているが、それはあくまでも

「想定できる変化」に限定した話だ。人生や仕事の大半は、「想定できない変化」であって、現実問題として「計画による管理」は有効性に欠ける。

あなたの人生は、どれくらいが計画通りに進んでいるだろうか。

スタンフォード大学のジョン・クランボルツ教授が提唱した「計画的偶発性理論／Planed Happenstance Theory」のように、予想できない未来をただ待つのではなく、自分で積極的に行動し、その偶然を計画的に変化させてチャンスにできるかが重要だ。

軍事でもビジネスでも、計画は「ある程度の方向性」でしかなく、計画通りには進まないのだ。事業開発においても、七割以上の事業は方向転換を迫られるのが現実だ。つまり、ＯＯＤＡは「先が見えない環境下で戦うための機動戦略」なのである。

OODAから読み解く「歴史的銃撃事件」

未だ記憶に新しい「安倍晋三元首相の銃撃事件」。私にそのニュースが飛び込んできたのは、二〇二二年七月八日の正午、久しぶりに新卒時代の同期とランチをした帰りだった。

安倍元首相の政治的立場や、私個人のバックグラウンドなどの要素は置いておいて、私にとって安倍元首相は、日本の政治家の中でも特に親近感があった人物だ。日本ではあまり知られていないが、安倍元首相は私の母校、南カリフォルニア大学にも留学経験がある。二〇一五年五月二日、安倍元首相は三十七年ぶりに同校を訪問し、当時の学長だったマックス・ニキアス氏より同窓生として歓迎されている。

我々は同校のマスコット「トミー・トロージャン」にちなんで、同じ大学の出身者を「トロージャン・ファミリー」と呼んでいる。「ファミリー」の襲撃に私は目を疑った。とっさに脳裏に浮かんだ言葉が「SPは何をしていた?」だった。

それから百回以上もネット上で流れる襲撃動画を自分なりに検証した。私はアメリカ空軍ROTCに所属していたころ、法執行学（警察学とも訳す）を別の大学で専攻していた。その分野をかじった者として、一個人的な意見ではあるが、**この銃撃事件が最悪の結末を迎えた原因は、「想定外の攻撃」に対する臨機応変な対応力の欠落**だ。

法執行学的に論じれば、警察組織は「準軍隊組織／Pre-Military Organization」の位置づけだ。軍隊での要人警護の鉄則は、「異変が起きたとき、状況把握よりも先に警護対象者に覆いかぶさること」だ。それにもかかわらず、一発目の銃声が鳴り響いたとき、安倍元首相の周囲にいたSP（Security Police）は、「何だ?」と言わんばかりに周囲の状況把握を優先し、誰一人たりとも安倍元首相に覆いかぶさることをしなかった。

確かに、武器は手製の拳銃で、使用された火薬は拳銃用の無煙火薬ではなく、大量の黒い煙を発生させる有煙火薬のようなものだった。これは、花火などにも使われる火薬なので、爆音が起きた瞬間に拳銃だと把握する人は少ないだろう。

しかし、だからこそ状況把握よりも先に、警護対象者に覆いかぶさることを最優先にすべきだった。

マニュアルに頼らないチームを作り上げよう

さらに犯行の直後、容疑者が三名の警察官に捕らえられたにもかかわらず、追加で三名の警察官が、捕らえられた容疑者に向かって走っていった。その間、倒れた安倍元首相の周りに警察官らしき人は見受けられなかった。

これは、私が知るアメリカの法執行学での要人警護の常識を逸脱しているものだ。すでに三名の警察官が容疑者を捕らえたのに、なぜそこに追加で三名もの警察官が駆け寄る必要があるのだろうか。

むしろ、ほかに容疑者の仲間がいるかもしれない想定で、倒れた安倍元首相に駆け寄るのが賢明な判断ではないのか。そうすることで、テロ行為の二次被害を未然に防ぐことができるからだ。

だが、動画から分析できたのは「警護体制の混乱」以外の何物でもなかった。つまり「想定外の攻撃」に対する臨機応変な対応が取れなかったがゆえに、最悪の結末を迎えることになってしまったのだ。

ＳＰを責めるつもりはないが、このような状況下での対応力は、訓練とは似て非なるものだ。極度の訓練を積まなければ対応することはできない。

想定されたマニュアルに頼るのではなく、自分の意思で素早く行動できるチームを作り上げることが、ＯＯＤＡの「真の核心」でもある。

OODAとPDCAの決定的な三つの違い

つまり、ＯＯＤＡは「その瞬間、どう動くのが最善か」という意思決定を優先するものだ。状況把握から始まり、時々刻々と変化する状況に対して、常に最善手を打っていくことを目的としている。

そのためＯＯＤＡは、ＰＤＣＡと比べていくつかの違いがある。

①目指すべき結果を想定していない。

ＰＤＣＡは、Plan（計画）の段階から「目指すべき結果」が明確だ。そのため、プランに沿って動いていくが、ＯＯＤＡは、目指すべき結果を最初から想定していない。警護対象者を守るという目的はあるが、それがどう転がるか計画などできない。起こるかもしれない事態を想定しても、大半の場合は何も起こらない。

唯一できることは、目の前で起こったことを適切に処理するくらいだ。

②評価のプロセスがない。

ＰＤＣＡは、結果を見据えて計画と実行をするので、実際の結果が想定通りだったかを評価と検討をするプロセスが必須だ。求める結果を得るために、計画や実践方法の改善も必要になってくる。

一方でＯＯＤＡは、目指すべき結果を想定していないため、結果を評価し、検証するプロセスがない。誰も警護対象が銃撃されることを望んでいないのだから、「今日は銃撃されたら、反省会で結果の評価と検証をする」などと最初から考える人はいない。だから評価も検証も、そして改善のための振り返りも必要ないのだ。

③そもそもの役割が違う。

ＰＤＣＡは業務改善のためのフレームワークで、ＯＯＤＡは意思決定のためのフレームワークだ。もし、警護対象者が銃撃にあったら、業務改善をおこなうＰＤＣＡは役に立たない。

もちろん後日、それを検証するためにＰＤＣＡは必要になるかもしれない。しかし、銃撃事件の真っ最中に注力するべきは、「今、この瞬間にどう動くか」の意思決定をおこなうＯＯＤＡなのだ。

ＯＯＤＡが持つ重要性を、少しは理解できただろうか。ある程度の概要を説明したので、次からはＯＯＤＡが持つ「軍事的エッセンス」について詳しく話していこう。

第二章

軍事戦略から紐解く「戦略」の要素

軍事戦略の基礎「ランチェスター戦略」とは

ここで私が「軍事戦略」と言っても、軍隊未経験者または軍事教育を受けていない人からしたら、何を言っているのか想像できないだろう。

そこで、まずは軍事戦略の基礎から説明していく。

古来、名将は戦を「消耗戦（Attrition Warfare）」という方法でおこなってきた。これは十分な兵力と武器を用意して戦う方法で、敵が破滅するまで続けていくというものだ。

この消耗戦を「数理モデル」として提唱したのが、フレデリック・ランチェスター氏だ。彼はイギリスのエンジニアで、第一次世界大戦のとき「兵力」と「武器の性能」が戦闘力を左右することを突き止めた。

この「ランチェスター戦略／Lanchester's laws」は、後にコロンビア大学のバーナード・クープマン教授によって、第二次世界大戦で「軍事戦略モデル」として発展していった。アメリカ国防総省ペンタゴンでも定説になっているように、戦争はビジネスよりもかなりシンプルだ。

では、この戦略を『ＯＯＤＡ ＬＯＯＰ』の著者であり、企業コンサルタントのチャット・リチャーズ氏が描いた戦闘シナリオで見ていこう。彼は長年にわたり、ＯＯＤＡの親でもあるジョン・ボイド大佐の弟子だった。

ランチェスター戦略には二つの法則がある。どちらの法則も数式によって成り立っているが、数学の授業ではないので、図と簡単な計算でわかりやすく説明していく。

①一次法則（Linear law）
②二次法則（Square law）

まずは「一次法則（Linear law）」だが、これは「剣や弓矢で戦う古典的な戦術」だ。特定のエリアでの戦い、つまり「局地戦」の話で「接近戦」になる。全体の「戦闘力」は「兵力」と「攻撃力」によって成り立つ。兵力は「量」で、攻撃力は「質」だ。

本当はもっと複雑な数式だが、これを簡単にするとこうなる。

戦闘力 ＝ 兵力（量） × 攻撃力（質）

これを使って、戦いのシミュレーションをやってみよう。

もし、イースト軍とウェスト軍がいたとする。兵力は、そのままの人数。攻撃力は、平均一分間で、敵兵一人をやっつけるのに、自国軍の兵力を何人消費するかで計算する。

つまり平均「一分間」で「自国軍の兵力」を「四人」消費し、「敵国軍の兵力」を「一人」やっつけることができた場合、その攻撃力は「1÷4」で「0・25」だ。

【イースト軍】
兵力：200人
攻撃力：0・25
＊一分間で自国軍の兵力（四人）が、敵国軍の兵力（一人）をやっつけることが可能。

【ウェスト軍】
兵力：100人
攻撃力：0・5
＊一分間で自国軍の兵力（二人）が、敵国軍の兵力（一人）をやっつけることが可能。

これを基に計算すると、両国軍の戦闘力は次のようになる。

【イースト軍の戦闘力】
２００×０・２５＝50

【ウェスト軍の戦闘力】
１００×０・５＝50

シミュレーションは規則的に考えないと予測ができないので、両国軍はそれぞれ一斉射撃をおこない、それを継続していくものとする。イースト軍の戦闘力は、ウェスト軍の損失になる。一方で、ウェスト軍の戦闘力は、イースト軍の損失になる。

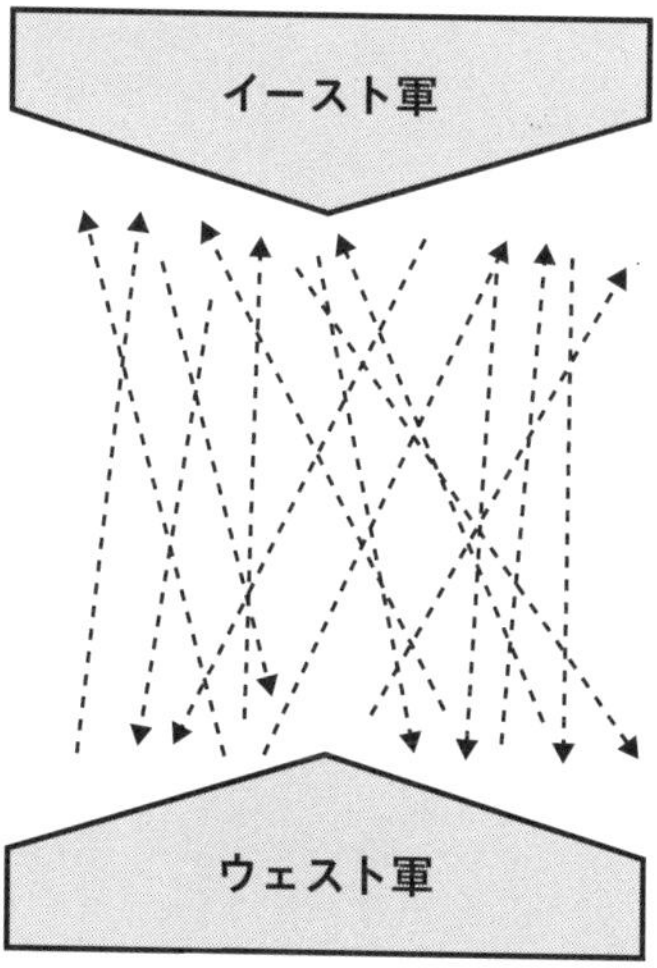

【イースト軍の兵力の損失】
100×0・5＝50
【ウェスト軍の兵力の損失】
200×0・25＝50

これを毎分ごとに計算していくと、両国軍の損失とその残存兵力数が出る。

なお、ここで注意してほしいのは、両国軍の兵力の損失は「自国軍の残存兵力数」から「敵国軍の戦闘力（敵国軍の残存兵力数×敵国軍の攻撃力）」を引いて計算するので、毎分同じではないことだ。敵国軍の残存兵力数が少なくなるほど、その戦闘力も下がっていく。

また、実際の兵士は「一人が最小単位」なので、小数点は四捨五入として計算する。


【一分後】
・イースト軍の残存兵力数
200－（100×0・5）＝150
・ウェスト軍の残存兵力数

100－（200×0・25）＝50

【二分後】

・イースト軍の残存兵力数

150－（50×0・5）＝125

・ウェスト軍の残存兵力数

50－（150×0・25）＝12

【三分後】

・イースト軍の残存兵力数

125－（12×0・5）＝119

・ウェスト軍の残存兵力数

12－（125×0・25）＝-19

残存兵力数を時系列に表すと、三分後にはウェスト軍の全兵力が壊滅することになる。

ウェスト軍の攻撃力は、イースト軍の二倍もあったにもかかわらず、短期間で完敗してしまったのだ。

実際に、アメリカの国防総省ペンタゴンでは、このようなシミュレーションが、膨大な種類の兵器と数百もの交戦でのモデル化がされている。まるで対戦ゲームのようだが、現実として、これが本当の戦争で活用されている。

もし、あなたがウェスト軍の指揮官で、このシミュレーションへの対策を命じられた場合、自国軍にどのような活路を見出すだろうか。イースト軍の兵力の優位性は、自国軍の攻撃力をも圧倒する。であれば、ウェスト軍も兵力を増やせばいいのだろうか。

しかし今の時代、現実問題として各国は志願兵に依存しており、大規模な兵力を確保するのは困難だ。

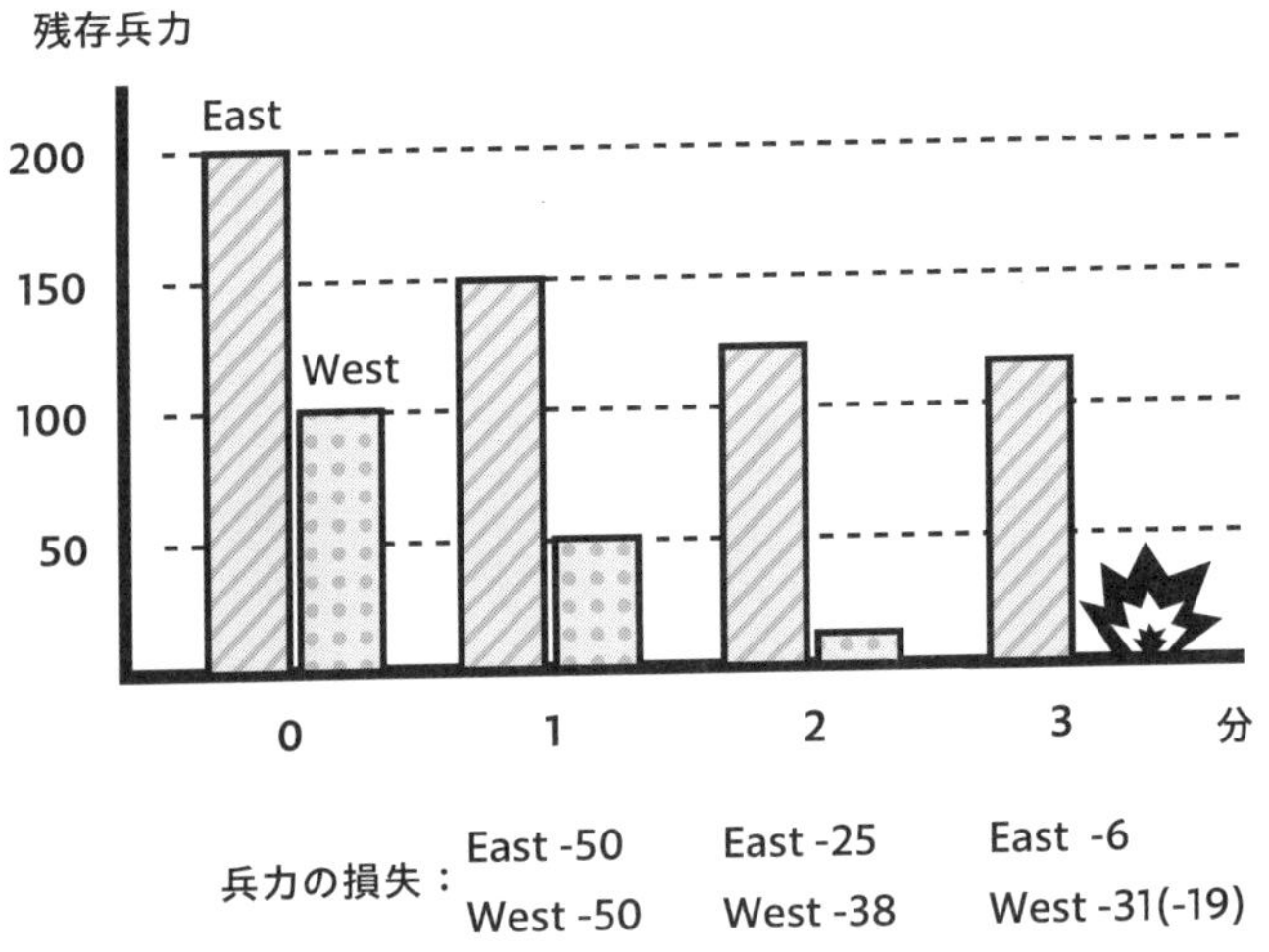

だからと言って、徴兵制なんて設けようなら、それを決行した政党は瞬く間に国民投票によって、野党に転落するだろう。

戦国武将・豊臣秀吉のように、敵を圧倒する兵力で戦う戦術は、現実的には難しい。**注力すべきは兵力ではなく、攻撃力ということになる。**かつての名将・織田信長が、最新の武器で戦いに挑んでいたように、攻撃力を増強させればいいというわけだ。

つまり、それは兵器の技術開発を意味する。

もし、仮にこの戦闘を引き分けに持っていく場合、ウェスト軍の攻撃力はイースト軍の四倍必要になってくる。

あなたがウェスト軍の指揮官として、自国軍を勝利に導くためには、その攻撃力を五倍以上、余裕を持って勝つなら六倍、いや八倍くらいは欲しいだろう。

ランチェスター戦略に沿って考えるならば、兵力増強以外の選択肢は、ハイテク兵器開発による攻撃力の強化だ。実際に一九七〇年代、アメリカのF－15戦闘機の性能は、ソ連の戦闘機の一〇〇〇倍近くあったことを、当時のアメリカ空軍大将は把握していた。

これが近代の国々で、軍事予算の肥大化に繋がっている原因なのだ。年々増加する新素材の開発やハイテク兵器の製造は、国力を維持するための要というわけだ。

弱者のための「一次法則」と強者のための「二次法則」

「戦闘力＝兵力（量）×攻撃力（質）」は、ランチェスター戦略の一次法則のものだ。これは別名、弱者のための法則とも呼ばれている。

先ほど、兵力を増やせないのなら、ハイテク兵器の開発で攻撃力をアップさせるのが、勝利への道だと話した。だが、もし潤沢な資金がなく、兵器の開発もままならない場合、どうすればいいのか。

膨大な兵力を前にして、正面から挑んでも勝てない負け戦を乗り切るためには、焦点を絞って戦わなくてはならない。これが一次法則、別名「弱者のための法則」だ。これは「局地戦」や「接近戦」などに持ち込むことで、弱者を少しでも有利な立場にする方法だ。

①局地戦：領域を絞って戦う。
②接近戦：接近して戦う。
③一騎打ち：一対一で戦う。

④機動作戦：合理的に戦う。

次に、ランチェスター戦略での「二次法則（Square law）」についても触れておこう。これは「小銃やマシンガンで戦う近代的な戦術」だ。広範囲を想定した戦い、つまり「広域戦」の話で「遠隔戦」になる。

実は二次法則の計算式は、一次法則と比べて、そんなに大差はない。唯一違う点は、兵力を二乗するところだ。これは近代的な戦いだと、次々に攻撃を仕掛けられる「確率戦」になるため、兵力は二乗になるという考えだ。

戦闘力　＝　兵力の二乗（量）　×　攻撃力（質）

特にひねりもなく、兵力を二乗するだけ。つまり百人の兵力だったウェスト軍の兵力が一気に一万人規模になるわけだ。これを先ほどのイースト軍とウェスト軍の戦いに当てはめると、開戦の一分後には、ウェスト軍の戦闘力は五千人相当になり、二百人だったイースト軍を三秒足らずで壊滅させられるという計算だ。

考えられる状況としては、ウェスト軍百人が一人一機のマシンガンを装備し、日本刀を持ったイースト軍二百人に対して戦うイメージだ。この場合、日本刀を持った古典的な戦い方をするイースト軍は「一次法則」、マシンガンを装備した近代的な戦い方をするウェスト軍は「二次法則」となる。よって、三秒足らずでウェスト軍は圧勝する。

つまり二次法則は別名、強者のための法則というわけだ。**強者は「広域戦」や「遠隔戦」などに持ち込むため、弱者と比べても戦うフィールドが異なる。**

①広域戦：広い範囲で戦う。
②遠隔戦：マシンガンなどの飛び道具で攻撃する。
③確率戦：攻撃を次々に仕掛ける（なので兵力が二乗になる）
④誘導作戦：自国軍が戦い易い場所に誘導して戦う。

このように、ランチェスター戦略に基づいて考えれば、戦で勝つ方法は次の三つのどれかになる。弱者が正々堂々と強者に立ち向かっても、一瞬にして破滅の道をたどるだけだ。

しかし、ランチェスター戦略の基本的な考えは、弱者がどのようにして強者に勝つかだ。単純に、兵士の数によって戦闘力が決まるのではなく、そこに何かの工夫を重要視している。**「最初から○○」といった有利な立場よりも、「一次法則で最新兵器を開発し、攻**

撃力を上げる」方法が最も一般的であり、軍隊を用いる軍師が考えるべきことなのだ。

①一次法則で「最初から膨大な兵力」を準備して戦う方法。
②二次法則で「最初から最新兵器」を用いて「兵力を二乗」で戦う方法。
③一次法則で「最新兵器を開発」して「攻撃力を上げる」方法。

ランチェスター戦略をビジネスで活用する

ＯＯＤＡの話に戻る前に、もう少し「一次法則で最新兵器を開発して、攻撃力を上げる」を、どうビジネスで応用するかについて話をしておこう。

弱者が強者に勝つためには、一次法則に持ち込むことが必須だ。局地戦に持ち込み、兵力を一点集中させることで「局所優勢」を創り出す必要がある。

この話をすると、一つ思い出すことがある。まだ空軍ＲＯＴＣに入って間もないころ、報道番組を見ていたら、インドの路上で喧嘩が起きたというニュースが流れた。

そこには、五十人くらいの民衆に絡まれた一人の男性がいた。その男性はボクサーで、殴りかかってきた民衆から逃げるように走っていたが、逃げては後ろを向いて先頭の民衆一人の顔面にパンチを繰り出し、また逃げる。何メートルか進んだと思ったら、また振り返って今度は違う民衆の一人にパンチを繰り出す。彼はそれを何度も繰り返し、自分を追いかけてくる先頭の民衆だけを次々とやっつけていった。

かつて、どこかの侍も、似たような方法で追いかけてくる敵を一人また一人と切り倒していったが、これこそが局所優勢の例だ。どんな達人でも、大勢の兵力の前では不利になる。映画のように、一斉に襲いかかってくる敵を全滅させるほど、現実は甘くない。

そんなときはインドのボクサーのように、一騎打ちの接近戦に持ってくるのが賢明だ。

ビジネスの弱者が強者に勝つための戦略

先ほど話した一次法則での戦い方を、ビジネスに当てはめてみよう。

まずは「戦闘力」、これは企業における「組織力」だ。次に量からなる「兵力」は、社員数、営業マンの数、売り場の面積、すなわち「アセットの分配」を意味している。

そして質からなる「攻撃力」は、サービス・プロダクト品質、情報力、開発力、ブランド力、顧客対応力、営業マンの人間力、すなわち「差別化」に該当する。さらに「局地戦」や「接近戦」という「独自のフィールド」で戦うことも忘れてはならない。

つまり、**ビジネスにおける弱者が強者に勝つための「一次法則で最新兵器を開発し、攻撃力を上げる」とは、「アセットを適切に分配して、独自のフィールドで差別化を図ることだ**。

その結果、「戦闘力」にあたる「組織力」も上がるというわけだ。

戦闘力　＝　兵力（量）　×　攻撃力（質）
　　　　　　↓　　　　　　　↓
組織力　＝　アセットの分配（量）×　差別化（質）

一次法則での要素もビジネスに当てはめてみると、次のようになる。

①局地戦：領域に絞って戦う。
②接近戦：接近して戦う。
③一騎打ち：一対一で戦う。
④機動作戦：合理的に戦う。
　↓　　　　↓

①局地戦：地域や領域に限定した商品開発と販売方法。
②接近戦：顧客に密着した営業活動。
③一騎打ち：競合が少ないフィールドを狙う。
④機動作戦：競合の裏をかく。

一方で「二次法則」の強者は「広域戦」や「遠隔戦」に持ち込むために、次のように仕掛けてくるだろう。

強者の思考がわかると、弱者の戦い方が想像しやすくなるかもしれない。

①広域戦：広い範囲で戦う。
②遠隔戦：マシンガンなどの飛び道具で攻撃する。
③確率戦：攻撃を次々に仕掛ける（なので兵力が二乗になる）←
④誘導作戦：自国軍が戦いやすい場所に誘導して戦う。←

①広域戦：新しい消費者ニーズの創造。
②遠隔戦：品揃え、規模の経済によって薄利多売で売る。
③確率戦：販売領域の拡大。
④誘導作戦：広告を用いたPR活動。

このように考えると、「ランチェスター戦略」という軍事戦略が、どのようにビジネスで活用できるか、想像がついただろうか。

私が空軍ROTCを除隊し、民間企業に就職するために就活をしていたとき、「あなたの強みは何ですか？」と聞かれ、「軍事訓練で学んだことを、民間企業に応用した立案ができます。たとえば……」と説明したら、面接官に不思議がられたことも、今となっては懐かしい思い出だ。

軍事戦略そのものに馴染みがない日本で、そんな奇妙奇天烈《きみょうきてれつ》なことを言う就活生を、彼らはどんな目で見ていたのだろう。

PDCAは「消耗戦」だ

ここまで長々と、軍事戦略の基礎であるランチェスター戦略について話してきたが、私がこれまでに説明したものは、すべて「消耗戦」でしかない。ランチェスター戦略は、ある意味、軍事戦略の基礎を理解するためには参考になる理論だと思うが、本書のメインであるＯＯＤＡとは真逆のポジションにある。

どういうことかというと、古来、軍隊は「消耗戦」という形で戦ってきた。それは軍事戦略の基礎であり、ランチェスター戦略の計算式を見てもわかることだ。

用意周到に計画し、それを忠実に実行に移すことで、敵国軍が粉砕するまで戦い抜く戦法だ。それはまるで、ＰＤＣＡを回しているようなものだ。

しかし、思い通りにいかないのは、ビジネスも戦争も同じだ。どんなに綿密に計画をしても「戦場の霧（Fog of war）」が完全に晴れることはない。これは、プロイセン王国の軍事学者、カール・フォン・クラウゼヴィッツ氏によって提唱されたもので、作戦や戦闘での不確定要素のことを表す言葉だ。一七〇〇年代から第一次世界大戦終結までに、多くの戦闘が勃発したが、その中に戦場の霧によって失敗した事例はいくつもある。

たとえば、一八五三年に勃発《ぼっぱつ》したロシアと英仏などの同盟軍によるクリミア戦争では、バラクラヴァの戦いでイギリス軍の軽騎兵旅団（六百人）が、ロシア軍騎兵の大量砲撃を受けながら正面衝突を試みた。その結果、イギリス軍は百五十人の兵士しか帰還できなかった。これを見たフランス軍は「崇高《すうこう》な行為だが、これは戦争ではない」と皮肉った。

別の例だと、一八六一年に始まったアメリカの南北戦争で、南軍のロバート・E・リー将軍は、直属の部下であるジェイムズ・ロングストリート中将の猛烈な反対にもかかわらず、北軍中央部に対して最終的な攻撃を仕掛けた（ゲティスバーグの戦い）。だが、連合軍の陣地を突破することなく、自国軍の兵士の七十五パーセントを失った。

OODAの可能性は「機動戦」にある

この二つは共に、「消耗戦」に突入した結果、泥沼の状況におちいった事例だ。

つまり、従来の「消耗戦」という戦い方は、正々堂々と敵に立ち向かうものだ。勇敢《ゆうかん》そうに見えるし、体裁もいいかもしれないが、兵力が劣る弱者はどうあがいても強者には勝てない。両軍の兵力にそれなりの格差があれば、片方は「一次法則」で力尽きて負け、両軍の兵力に大差があるのなら、片方は「二次法則」で瞬殺されるのが末路だ。

もし、自国軍に兵力がない場合、大勢の犠牲者が出るのは目に見えている。あなたは、その軍隊の指揮官として、なおも部下に突撃命令を下すのだろうか。

そんなことを言うと、「いやいや、ランチェスター戦略の一次法則は、弱者が強者に立ち向かうための戦略ではないのか。結局、強者に勝てないじゃないか」と思う人もいるかもしれない。確かに、一次法則は弱者のための戦略だ。兵力だけに頼るのではなく、最新兵器を開発して、攻撃力を上げることで、勝率を上げられる。

しかし「一次法則」が、剣や弓矢で戦う古典的な戦術である以上、「兵力が勝敗を左右する根本的な要因」であることに変わりはない。あくまで「攻撃力を上げれば、勝てる可能性がある」というもので、勝率ゼロを幾分の可能性に変えるだけの話だ。そんな少しの可能性こそが、弱者のための戦略であり、OODAと密接に繋がっているのだ。

では、一次法則の要素をもう一度見直してみよう。

①局地戦：領域に絞って戦う。

②接近戦：接近して戦う。
③一騎打ち：一対一で戦う。
④機動作戦：合理的に戦う。

局地戦、接近戦、一騎打ち、これら三つは当たり前と言えば当たり前だ。弱者が戦う範囲は、一点集中に持ち込んだほうがいいに決まっている。

だが、最後の要素を見てほしい。実は、この最後の要素である「機動作戦」こそが、弱者が強者に勝つための起死回生の一手なのだ。

「合理的に戦う」とはどういうことか

機動作戦における合理的な戦いとは、具体的にどういうことなのだろうか。

話は湾岸戦争にまでさかのぼる。一九九〇年八月二日、イラクがクウェート侵攻をおこなったことで勃発した湾岸戦争だ。

翌一九九一年一月十七日、当時のアメリカ大統領、ジョージ・H・W・ブッシュ氏は、アメリカ軍をサウジアラビアに派遣し、他国にも自国軍の派遣を呼びかけた。これによって多国籍軍が組織され、ずば抜けたアメリカ軍の軍事力を中心に軍事作戦が実行された。

三十四カ国からなる多国籍軍とイラク軍の衝突は「砂漠の嵐作戦」と呼ばれ、多国籍軍の空爆から始まり、同年二月二十三日には地上部隊の進攻がおこなわれた。

多国籍軍の司令官だったノーマン・シュワルツコフ陸軍大将は、すでにクウェートに侵攻していたイラク軍を真正面から攻め込むのではなく、イラク本土を直接攻撃し、イラクを経由してクウェートにいるイラク軍の背後に回り込む機動作戦に出た。

作戦の目的は、イラクとクウェートの境界付近にいたイラク軍の主力精鋭部隊を直接攻撃することだ。当時のイラク大統領、サダム・フセイン氏に作戦を悟られないために、多国籍軍は偽の基地を作ったり、マスコミに誤情報を流したり、さらには指揮系統システムを含む通信システムや食料補給経路などを徹底的に破壊した。

イラク軍が従来の「消耗戦」を実行する中、多国籍軍はスピードを最大限に活用し、イラク軍の予想の裏をかく「機動戦」をおこなった。

その結果、多国籍軍は圧倒的な勝利を収め、四十三日間の空爆と百時間の地上戦で終結した。つまり機動作戦とは、敵の弱みを突いて戦う頭脳戦であり、そこには「客観的な観

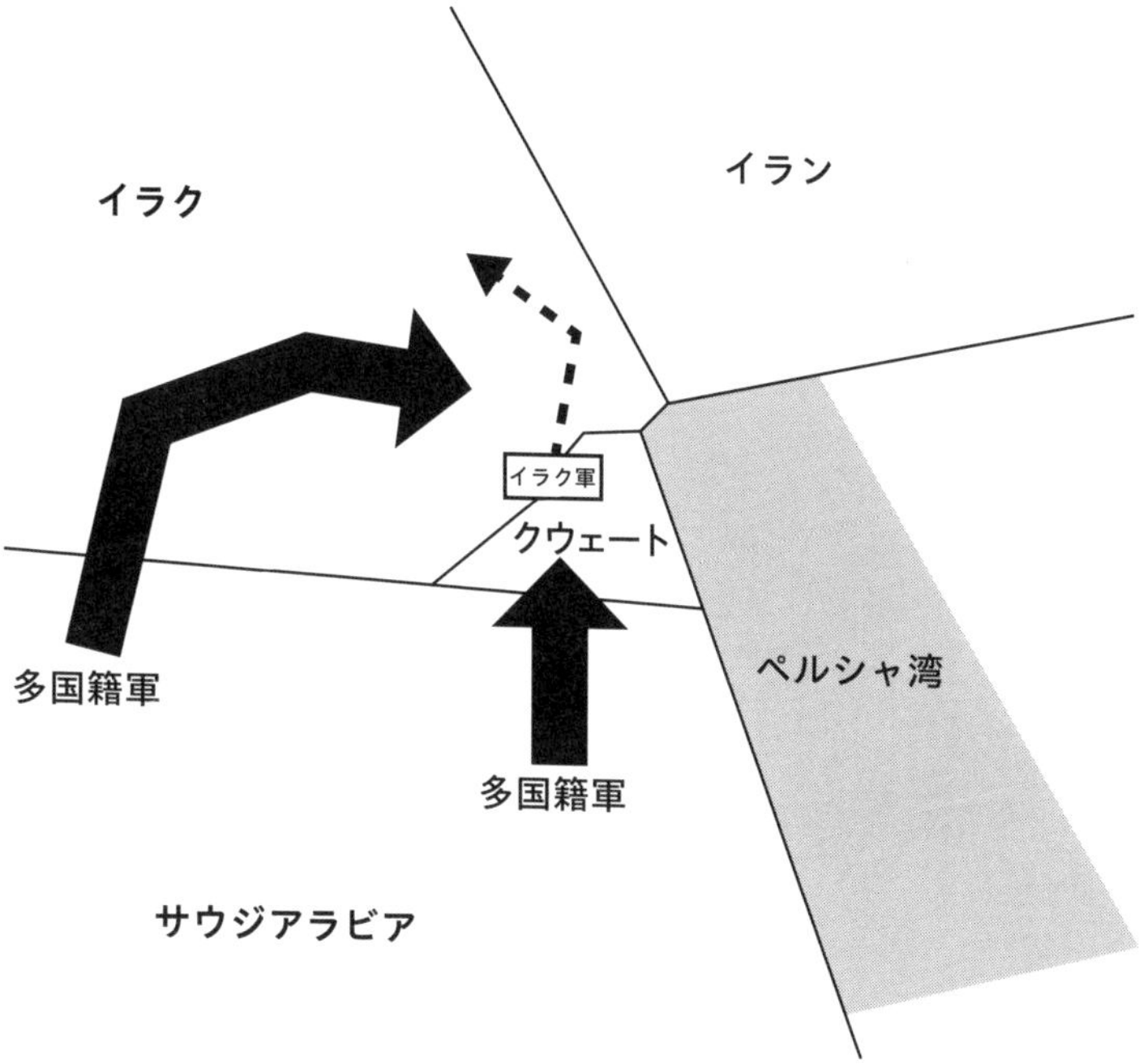
イラン
イラク
イラク軍
クウェート
ペルシャ湾
多国籍軍
多国籍軍
サウジアラビア

察力（Observe）」と「臨機応変な情勢判断（Orient）」が必要な戦術なのだ。
緊張状態が続く戦時下で「迅速な決断（Decide）」と「素早い実行（Act）」によって、敵に予想外の奇襲を仕掛け、方向性の欠如と混乱を起こす。そう、「砂漠の嵐作戦」はOODAそのものであり、この作戦を主導したアメリカ軍は、「敵の実力を封じ込める機動作戦」という新たな戦い方に目覚めたのだ。

ただし、人命が関わる戦争での奇襲攻撃は国際ルール上、敵国へ事前に「宣戦布告」を通達しなければならないが、ビジネスにおいてはそうではない。競合他社に己の手の内を事前に通達することはしない。

そういう意味で**「機動戦」は、本当の戦争よりもビジネスのほうが、その実力を発揮できる**とも言える。

消耗戦の「正策」と機動戦の「奇策」

兵非益多也、
「兵は多きを益ありとするに非《あら》ざるなり」

軍隊は人数が多ければいいというものではない。

これは中国の戦略思想家、孫子（紀元前五世紀）の言葉だ。

さらに孫子は、軍事の基礎をこう説いている。

兵者詭道也、攻其無備、出其不意、

「兵は詭道《きどう》なり。其《そ》の備なきを攻め、其の不意に出づ」

軍事の基本は敵を欺《あざむ》くことだ。

敵の守りが薄いところを攻め、敵が予想しなかったところに突出する。

孫子は、ランチェスター戦略での要である「規模の兵力」を、多いことが必ずしもいいというわけではない、と否定し、砂漠の嵐作戦での「機動戦」を軍事の基礎だと論じている。孫子はランチェスター戦略以上に、いかに弱者が強者に打ち勝つことができるかを追求しており、彼の言葉はOODAの正当性を証明しているように見える。ランチェスター戦略での一次法則の要素である「機動作戦」と、孫子が説く「兵は詭道なり」が弱者のための戦略とするならば、OODAはそれらを回すための「エンジン」と言える。

結局、消耗戦を「正しい策略」だとするのなら、機動戦は「奇抜な策略」なのだ。

そして、「正策」をつかさどるエンジンがPDCAであり、「奇策」をつかさどるエンジンはOODAになる。

ただし、一つ注意してほしいのは「機動戦」だけでは勝てないということだ。

機動戦をどのように消耗戦と組み合わせ、「正策」と「奇策」の補強関係を創り出すのかが重要だ。

さらに、もし敵が「奇策」を見抜いたのなら、その「奇策」は即座に「正策」と化してしまい、意味がなくなる。事実「砂漠の嵐作戦」では、イラク軍に悟られることなく、クウェートとサウジアラビアの境界付近で構える「正策」の部隊と、イラクから回り込む

仮）策略の要素モデル

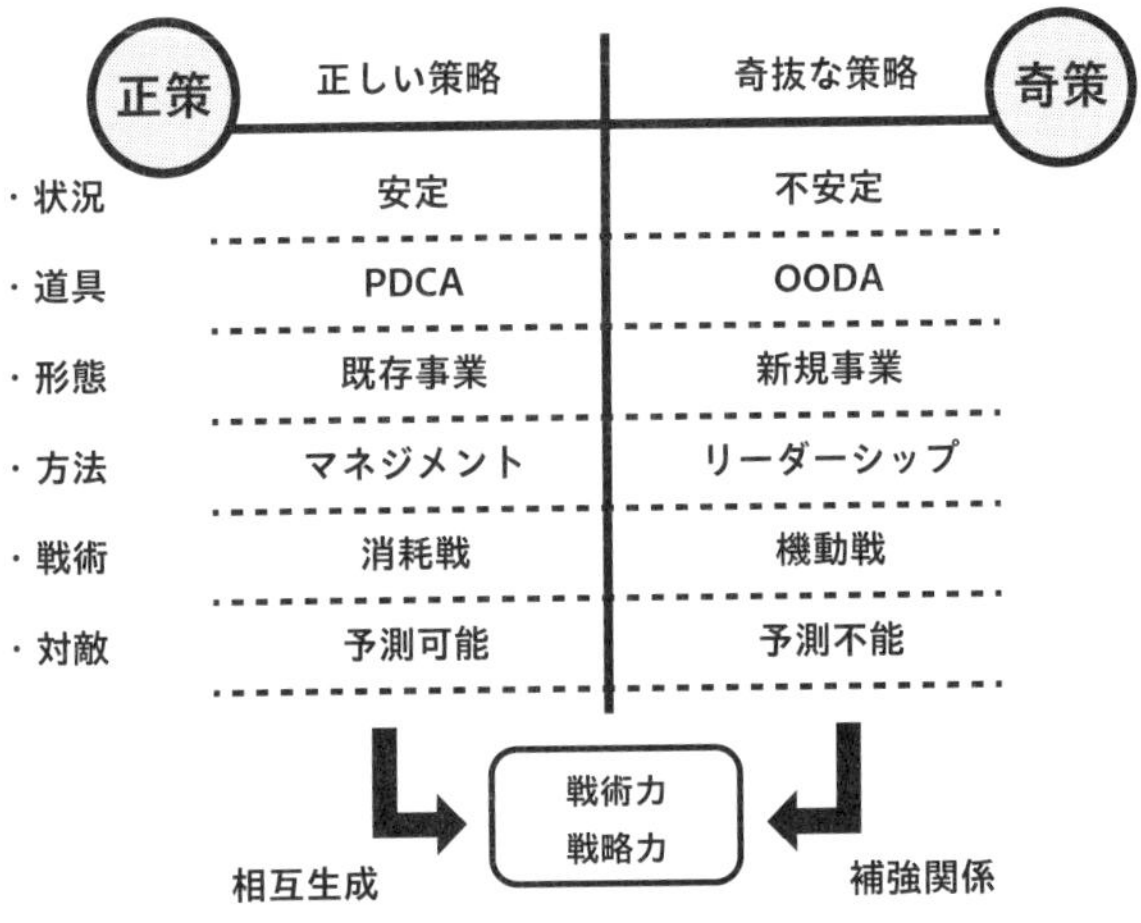

「奇策」の部隊のチームワークによって、作戦は成功した。

「正策」は敵が理解し予期できるものであり、「奇策」は予測不能な常識から逸脱したサプライズだ。ビジネスでたとえるなら、安定した既存事業はＰＤＣＡを回して、緻密《ちみつ》なマネジメントをおこなう「正策」を主力とし、変化が激しい新規事業はＯＯＤＡを高速回転させ、勝機を見抜くリーダーシップを発揮する「奇策」に集中することだ。概要は右の「仮）策略の要素モデル」を参照するといい。「戦略および戦術」の起源である「軍事戦略」をベースにして考えると、いかにＰＤＣＡとＯＯＤＡの役割が異なるか明確だろう。

「戦術力」よりも「戦略力」

ランチェスター戦略を、軍事戦略として発展させたコロンビア大学のバーナード・クープマン教授は、「戦術力」と「戦略力」の違いについて説いている。これは戦いが長期化したとき、各国軍の兵力、武器や火薬の保有量、さらに食料などに変化が生じるからだ。

つまり「戦術力」は作戦遂行の力であり、戦略シナリオの実行だ。これは、敵国軍と直接交戦する兵力を指す。そして、「戦略力」は意思決定の力であり、シナリオ作成と資源の分配のことだ。主に、戦うための生産性や、補給拠点などの軍備力を意味している。

- **戦術力：作戦遂行。戦略シナリオの実行。**
（敵国軍と直接交戦する兵力）
- **戦略力：意思決定。シナリオ作成と資源の分配。**
（戦うための生産性や補給拠点などの軍備力）

では、第二次世界大戦下での、アメリカと日本の戦争はどうだったか。

日本は一九四一年十二月八日未明、アメリカのハワイ準州オアフ島真珠湾に奇襲を仕掛け、アメリカ軍の航空母艦や特殊潜水艦を魚雷で攻撃した。これはいわゆる「奇策」の戦略で、敵が予測できなかった機動作戦だ。これによって、アメリカ太平洋艦隊の戦艦部隊は一時的に戦闘力を喪失した。

これだけ聞くと、まるで砂漠の嵐作戦のごとく、見事な機動作戦に聞こえるが、決してそんなことはなかった。クープマン教授の理論から分析すれば、**日本軍は直接交戦する兵力である「戦術力」のみを重視して真珠湾攻撃に打って出て、アメリカ軍の生産および補給拠点などの軍備力への攻撃はしなかった**のだ。

当時の日本軍連合艦隊司令長官・山本《やまもと》五十六《いそろく》氏が、部下に作戦の立案を依頼した手紙によれば、「わが第一、第二航空戦隊飛行機隊の全力をもって、痛撃を与え、当分の間、米国艦隊の西太平洋進行を不可能ならしむるを要す」と書かれており、アメリカ軍の軍備力への攻撃については言及してはいなかった。

ただ、山本氏はアメリカでの留学経験があったため、日本がアメリカに勝てないことはわかっていた。よって、なるべく日本が有利な立場で戦いを終結させるために真珠湾攻撃を策略したが、その考えが十分軍隊に伝わらなかったことも事実だ。

結果的に、アメリカ軍は短期間で空母や潜水艦などを修復し、従来の戦闘力を取り戻した。その六ヵ月後、ミッドウェー海戦で大勝を収めたのは言うまでもない。

「戦略2：戦術1」で最大の効果を上げろ

それに対し、アメリカ軍はどうだったか。アメリカは「戦術力」よりも「戦略力」に重きを置いた戦い方をしていた。ボーイングB-29スーパーフォートレス（Boeing B-29 Superfortress）という戦略爆撃機（以下、B29）を用いて、日本本土を空爆し続けた。これにより、日本の軍事力の要である生産および補給拠点が破壊され、取るべき「戦術力」の選択肢が大きく狭まった。B29が「戦略」爆撃機と言われている理由がわかっただろう。

策略の要素モデル

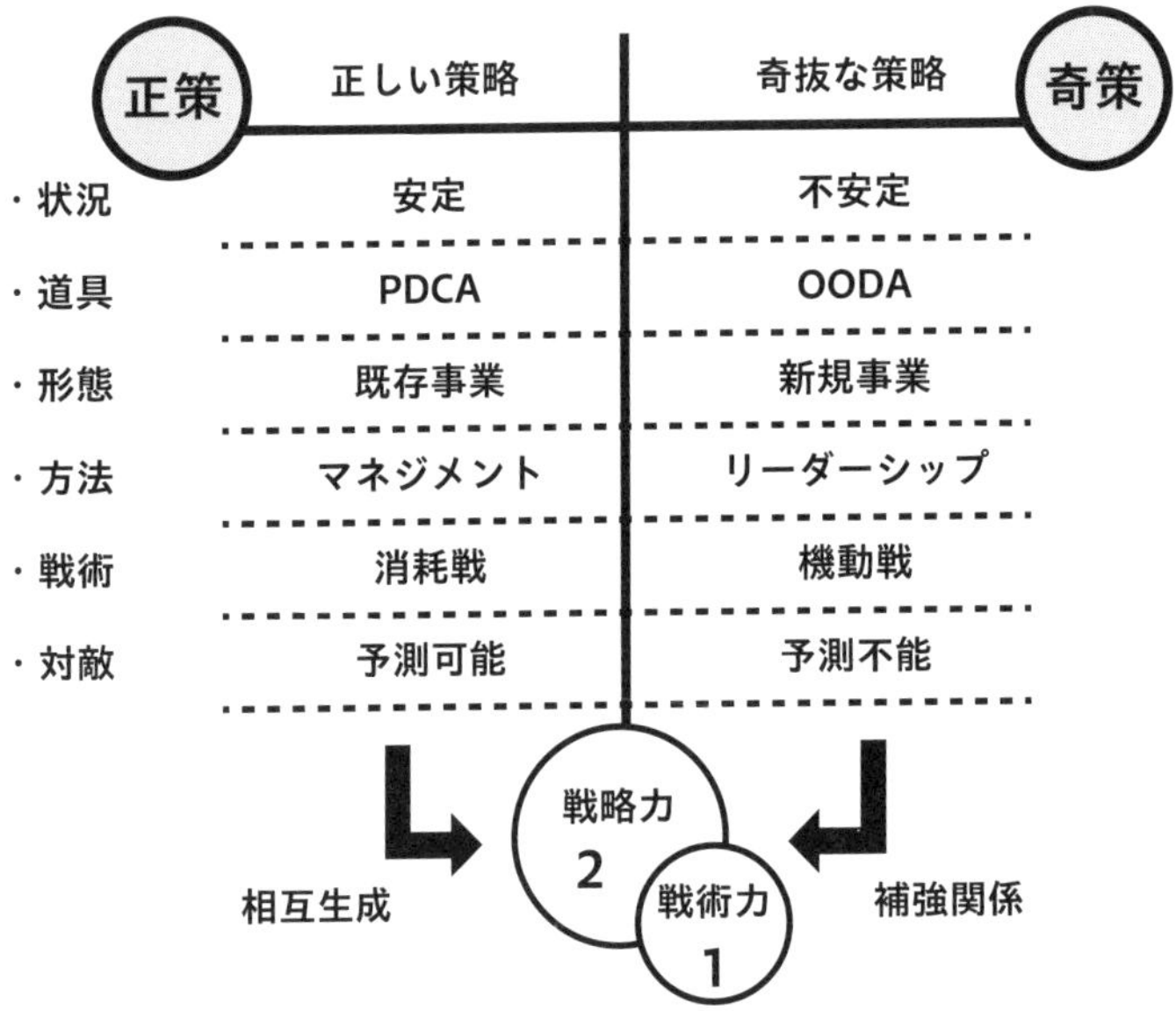
正策
正しい策略
奇抜な策略
奇策
・状況
安定
不安定
・道具
PDCA
OODA
・形態
既存事業
新規事業
・方法
マネジメント
リーダーシップ
・戦術
消耗戦
機動戦
・対敵
予測可能
予測不能
戦略力
2
戦術力
1
相互生成
補強関係

日本軍がおこなった真珠湾攻撃のような機動作戦などは、ただの「戦術」でしかない。そこに十分な「戦略」がない限り、過度な精神論に過ぎないのだ。

クープマン教授は、戦略力と戦術力の資源配分について「戦略2：戦術1」が、最大の効果を上げられるとの見解を出している。

先ほど、ビジネスを例に作った「（仮）策略の要素モデル」にこの比率を当てはめると、前ページの「策略の要素モデル」が完成する。これは、軍事戦略の要素をベースにしたビジネスでも活用できる策略モデルだ。

OODAの力を「無」にする組織とは

冒頭から話しているように、OODAとPDCAはまったくの別物だ。

そして策略には、消耗戦からなる「正策」と機動戦からなる「奇策」があり、戦略力と戦術力の資源配分は「戦略2：戦術1」が最大の効果があることがわかった。

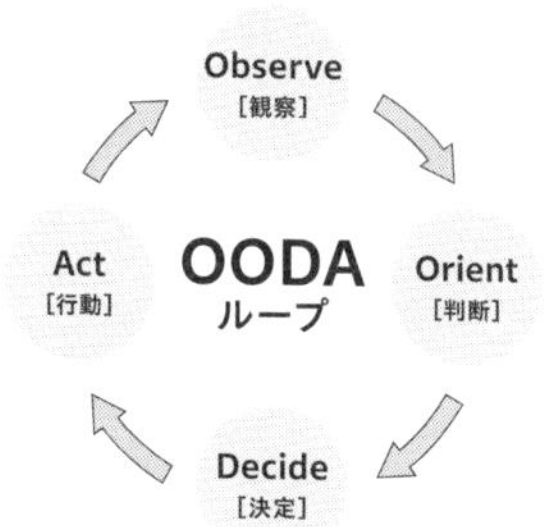

ここからは、OODAの速さについて解説していこう。

私が最初にOODAとPDCAを比較して話したとき、OODAについて前のような図を描いたが、これはネットで検索しても出てくる一般的なものだ。

しかし、観察（Observe）→判断（Orient）→決定（Decide）→行動（Act）の四つのプロセスの中で、どうしてもスピード感が出しにくいものがある。特に、伝統的な日本企業では、それが露骨なまでに遅い場合が多い。

もう気づいた人はいるかもしれない。そう、「決定（Decide）」だ。


長年言われてきたことにもかかわらず、未だにそれが改善されない理由はいくつかあるが、数年前にある記事がネット上に出回り、SNSを中心に反響を呼んだものがある。

第二次世界大戦中、アメリカのCIA（中央情報局／Central Intelligence Agency）の前身であるOSS（戦略諜報局／Office of Strategic Services）が作成した組織をダメにするスパイ用マニュアル、「サボタージュ・マニュアル（Simple Sabotage Field Manual）」だ。

このOSSの前身は、OCOI（情報調整局／Office of the Coordinator of Information）と言い、軍の情報収集や広報を一元化するために作られた。

OCOIは設立の翌年、一九四二年に当時のフランクリン・ルーズベルト大統領によって二分割された。そのうちの一つがＯＷＩ（戦時情報局／Office of War information）で、「広報戦略／ホワイトプロパガンダ」の下、「正確な情報を公式に公開する目的」の組織で、ラジオや映画を通して戦争の意義や目的、さらに現状を広報するためのものだった。

一方、ＯＳＳは同じ時期に作られた別の組織で、「偽造されたプロパガンダや諜報活動」などの「ブラックな活動」を担当し、それが後にＣＩＡへと発展した。軍隊において、外部からの情報を収集して分析する機関は欠かせない。

この諜報活動が持つ力に目をつけ、弱小部署だったＦＢＩ（アメリカ連邦捜査局／Federal Bureau of Investigation）をトップ機関に成長させたのが、あの有名なジョン・エドガー・フーバー氏、ＦＢＩの初代長官だ。

「サボタージュ・マニュアル」と日本企業は同じ構造なのか

さて、話を戻そう。サボタージュ・マニュアルは、一九四四年に書かれたもので、ＯＳＳが手掛けた様々な戦略マニュアルの中で「ナンバー3」と呼ばれていた。「サボタージュ」はフランス語で「破壊行為」を意味する。マニュアルには、組織を内部から崩壊させるための戦術が事細かに書かれてあり、多くの部分が現場で働く第一線の人々を対象にした「直接的なサボタージュ」だ。

たとえば、生産機械の刃物の切れ味を悪くしたり、故意に発火させたり、変圧器に異物を混入して故障させたり、と恐ろしく陰湿な行為だ。

だが、話題になったのはそこではなく、管理職や事務スタッフなどを対象にした経営の面での「間接的なサボタージュ」だ。要は、組織をうまく回らなくするためのもので、これがSNS上で拡散された当初、「ステレオな日本の会社組織みたいだ」と話題になった。

その一部を見ていこう。さすがに全部書くと長いため、一部の要点に留める。

「サボタージュ・マニュアル」
第5章　サボタージュに関する具体的提案

11　組織や生産に対する一般的な妨害

（a）組織と会議
・何事をするにしても「決められた手順」を踏まなければならない。迅速な決断をするための簡略した手続きを認めるな。
・延々と話せ。長い逸話や個人的な経験を持ち出し、自分の「論点」を説明せよ。
・さらなる調査のため、すべての事柄を委員会に委ねろ。

委員会はできるだけ大人数とせよ。
・議事録などの細かい言い回しをめぐって議論せよ。
・すでに決議されたことを再び持ち出し、その妥当性を再検討せよ。

（b）管理職
・文章による指示を要求せよ。
・あまり重要ではない生産品に完璧さを求めよ。
ごく些細な不備についても、修正するために送り出せ。
・非効率的な作業員に心地よくして、不相応な昇進をさせよ。
・重要な仕事をするときには会議を開け。
・もっともらしい方法で、ペーパーワークを増大させろ。
ファイルを複製することから着手せよ。
・一人でも十分なことに、三人が承認しなければならないように取り計らえ。

（c）事務員
・上司は忙しい、あるいは別の電話に出ていると、重要な相手に伝えよ。

（ｄ）従業員

・たとえ言葉が理解できても、外国語なので指示が理解できないふりをせよ。

12　士気を下げ、混乱を引き起こすための一般的な工夫

（ａ）質問を受けたときには、長ったらしい、理解しがたい説明をせよ。

いかがだろうか。決してふざけているわけではない。これはＣＩＡの前身、ＯＳＳが手掛けた組織を内部から破壊する戦略マニュアルであり、数年前までＣＩＡ内部でトップシークレット扱いだった機密文書だ。実際のサボタージュ・マニュアルはもっとあるが、厳選に厳選を重ねた上で一部を紹介した。

もし、これを読んで、スパイ経験がない皆さんが、日本の民間企業での経験しかない皆さんが、脳裏に何か思い当たる節があるのなら……「はい、そうです。そういうことです。私の言いたいことは、それです」。諸外国から生産性が低いと言われてきた日本の本質が垣間見えてきただろうか。むしろ、恐ろしく感じたかもしれない。

私はこれまで、ずっとＯＯＤＡのスピード感とか、高速回転させるとか、いろいろと説明してきたが、ここに書いてあることはＯＯＤＡの速さを「無」にする元凶だ。

今、皆さんの身の回りで、ここに書いてある事柄を毎日毎日、勤勉にこなしている人たちがいるのなら、今一度あなた自身のキャリアを考え直すべきだろう。その人たちは、あなたがいる企業を破滅させるために競合他社から送り込まれた優秀なスパイ、あるいは、ただ単に考えることを放棄した企業戦士なのかもしれない（笑）。

これは、大企業とか中小企業とかの問題ではない。組織の大きさがどうであれ、健全な企業には「サボタージュ・マニュアル」は当てはまらないはずだ。

ＯＯＤＡの「速さの正体」

いよいよＯＯＤＡの速さの本題に入ろう。私がこれまでに提示したＯＯＤＡの図と、これから提示する図を見てほしい。実はＯＯＤＡを正確に表す図は後者であり、これを意識することで、実際にＯＯＤＡを高速回転させられるのだ。

先ほどのサボタージュ・マニュアルでも話したように、意思決定プロセスでの課題の一つは「決定（Decide）」の遅さだ。特に、ステレオな日本の会社組織では顕著になっており、昔から言われてきた。

極端な話、「決定（Decide）」は「プロセス」という格式ばったルールを踏んでやるものではない。もし、あなたの目の前に車が突っ込んできて、あなたは瞬時の「判断」で車を避ける「行動」をし、九死に一生を得たとしよう。

そこに「決定」というプロセスは省略されるはずだ。さもないと、あなたは避けるという行動をする前に車にひかれてしまう。

つまり、大部分のことは何をするべきか明らかであり、その「直観的能力（Intuitive Competence）」は「暗黙な決定」と同じことなのだ。

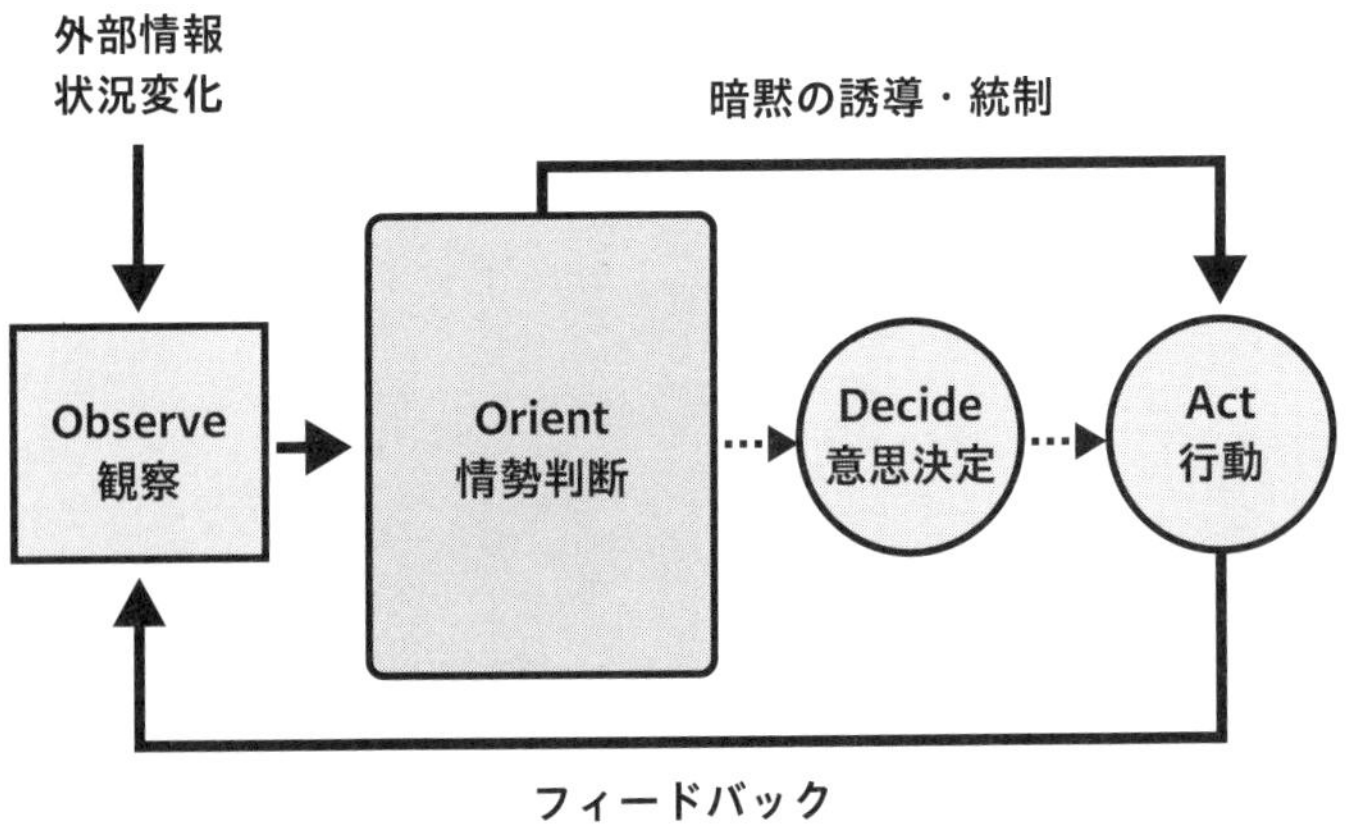

ボイド大佐が提唱したOODAの最終版には、先ほどの下の図にあるように「暗黙の誘導と統制」が書かれていて、ほとんどの「決定」は暗黙的であり、そうであるべきだと言っている。

一般的に知られているOODAの図は、正確なOODAではなく、実際の現場では「明示的な決定」は必要とされない。「判断（Orient）」が直接的に「行動（Act）」を統制することで、スピーディーな意思決定プロセスが踏めるというものだ。

ただし、「判断（Orient）」による指示が不十分なときは、「決定（Decide）」を省略することなく、ちゃんと決めてから「行動（Act）」に移せばいい。ただ、そんなことを言うと、油断した隙に「サボタージュ上司」が現れる可能性があるので、気をつけなければならない。

リーダーの仕事は管理することではなく、メンバーを導くことだということを忘れてはならない。だからと言って、何でもかんでも自由にやらせたら、組織はバラバラになってしまう。

アメリカ軍には「ミッション・コマンド（Mission command）」という指揮方法がある。これは、仕事などでのミッションの概要を指揮官が決め、その範囲内での行動は部下に一

[旧来の組織]

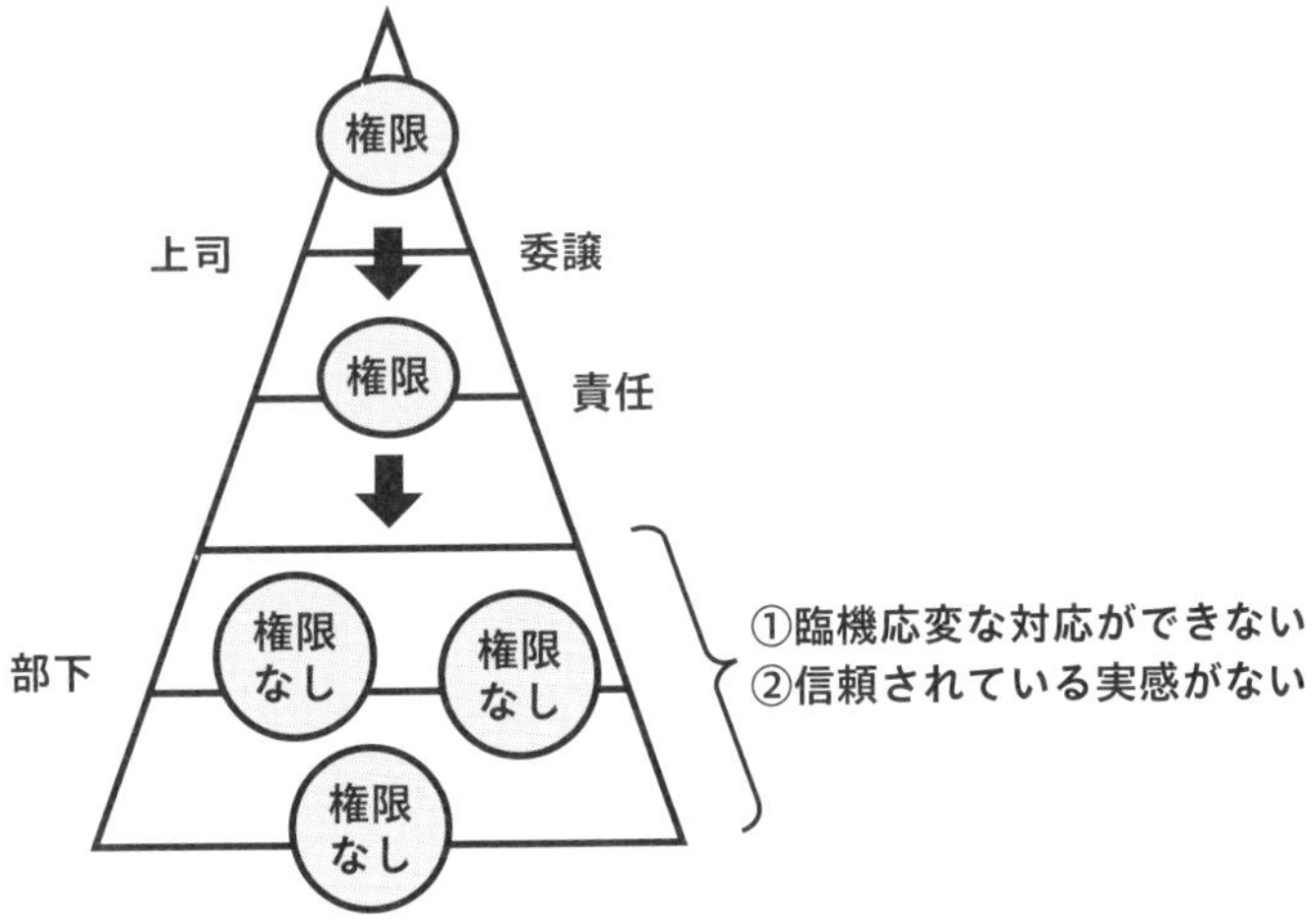

[ミッション・コマンド]

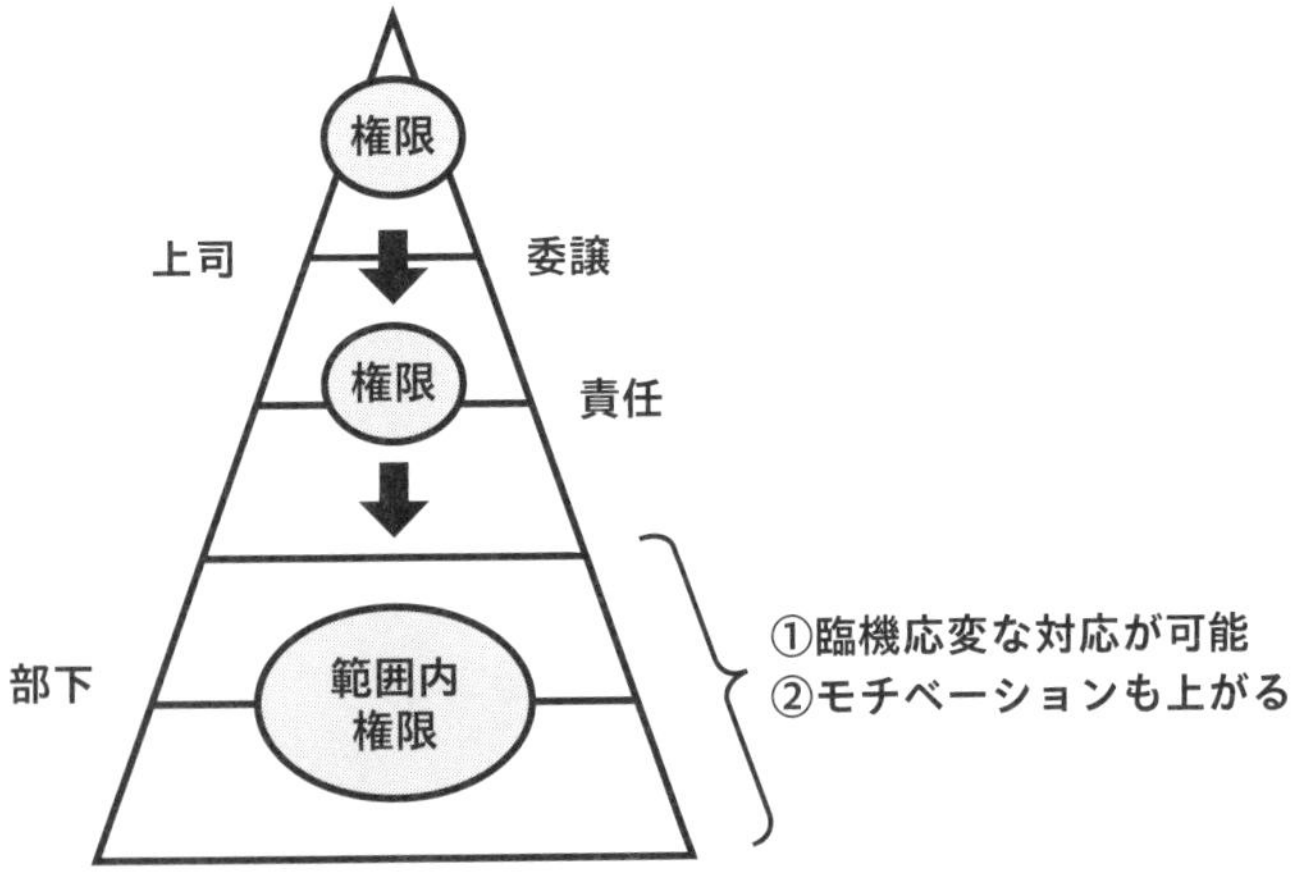

任するというものだ。民間企業で言うなら「権限委譲」が近いだろう。

権限委譲が少なければ、「責任」は誰かに一点集中する。結局、現場レベルでの責任の範囲が曖昧になってしまい、OODAが回りにくくなる。

もちろん、最終責任は上司にあることに変わりないが、信頼できるメンバーにミッションを任せ、現状の進捗《しんちょく》状況を知っておくことで、OODAのスピードは断然速くなる。部下にとって、ある程度の裁量を任せられることは、仕事のモチベーションにも繋がる。

前に「スタートアップ企業などで、新卒社員に子会社の社長を任せることがある」と言ったが、あれは決して人材が足りないからではなく、ちゃんとした理由に基づいているのだ。

ただ、一つ注意してほしいのは、上司は仕事を丸投げしてはいけない。何かあれば、すぐ対応できるようにスタンバイしておくことも重要だ。

ミッション・コマンドのポイントは「その仕事が目指すもの」と「その仕事をする理由」、つまり「ビジョン」と「バリュー」をメンバーに明確に伝えることだ。

これをちゃんと決めておけば、組織力が向上するだけでなく、自分で仕事を抱えすぎる弱いリーダーも生まれづらくなる。

【ミッション・コマンドで明確にすること】

・その仕事が目指すもの　↓　ビジョン

・その仕事をする理由　↓　バリュー

日本人が大好きなPDCAには「決定（Decide）」というプロセスがない。これはおそらく「暗黙の誘導と統制」のように、「決定（Decide）」が「計画（Plan）」または「評価（Check）」にまぎれて統制されているのかもしれないが、そのせいで「決定（Decide）」のプロセスが曖昧にされてきたのではないか。

OODAは、実際に「決定（Decide）」が「判断（Orient）」に暗黙的に統制されているが、決定というプロセスがあることで、責任を明確化しているとも言える。

この違いをしっかり理解しなければ、組織はいつの間にか機能不全におちいり、「サボタージュ上司」によって企業は衰退していくだろう。

ビジネスという激戦で、リーダーは敵を「奇策」という策略で出し抜かなければならない。戦闘機パイロットだった「四十秒のボイド」が生み出したOODAの「暗黙の誘導と統制」を、実際の仕事現場で活かすことで、ビジネスはスピーディーに回り出すのだ。

「奇策」がもたらす効果

ハワイニハ　三十年来　暴風雨ナシ。
オアフ島ノ北ハ　イツモ曇リデ、南ハ晴レ。
急降爆撃可能ナリ。

これは第二次世界大戦中、元日本海軍の吉川猛夫《よしかわたけお》少尉が司令部に宛てた電報だ。この電報が、真珠湾攻撃を現実に導いたのは言うまでもない。

吉川少尉は一九四一年三月二十七日、ホノルル領事館の職員としてハワイに赴任。コードネーム・森村正《もりむらただし》として、ハワイで諜報活動をおこなった正真正銘のスパイだ。

約九ヵ月間にも及ぶ活動で、当時軍事機密だった天候情報や、第一と第三日曜日に真珠湾に集まるアメリカ軍の戦艦が最も多くなること、さらには、アメリカ軍の空母に防雷網が配備されていなかった事実を突き止め、真珠湾攻撃の可能性を軍部に報告していた。

日本軍は、これらの情報を基に、真珠湾と地形が似ている鹿児島の錦江湾《きんこうわん》にある桜島で、水深わずか十二メートルしかない真珠湾での攻撃を想定した低空飛行の訓練をおこなった。結果、この高難易度の魚雷作戦は、「真珠湾攻撃」として歴史的な事件となった。

この事件が、「戦略」の観点からは「失敗」だったということはすでに話したが、もし仮にアメリカ軍の空母に防雷網が配備されていた場合、真珠湾攻撃は何の被害も生み出せなかったはずだ。

さらに吉川少尉の行動は、当時のFBI長官から国務省への報告書によると、すでに認識されており、日本軍が真珠湾を攻撃することを、アメリカは予測していたという事実が後に判明している。

だが、ハワイの天候や防雷網配備の是非、さらには戦艦が集まる曜日を特定できたのは、まぎれもなく吉川少尉の諜報活動の功と言ってもいいだろう。

ここまでOODAを理解するための消耗戦での「正策」や機動戦での「奇策」と言ったような話をしてきたが、OODAの真価が実際の現場において、スピード感を重視するために「決定（Decide）」を「暗黙の誘導と統制」によって暗黙的におこなわれる以上、目に見えない兵士の心理状態が、常に支配的な要因にあることは否定できない。これはビジネスで言えば、社員やチームメンバーのモチベーションや、働く上での心理状態にあたる。

つまり、社内でハラスメント行為が起きている企業は、ＯＯＤＡを使いこなせるかどうか以前の問題であり、「決定（Decide）」が暗黙的かつスムーズにおこなわれるためには、自国軍の兵士や企業に属する社員の心理状態を、健全に保つことが大前提にあるということだ。

その上で、**敵軍に対する消耗戦の「正策」と並行し、機動戦である「奇策」をおこない、敵の心理状態を破壊することで、チームを勝利に導くこともＯＯＤＡの真髄《しんずい》の一つ**なのだ。

孫子の言葉「兵は詭道なり」（軍事の基本は敵を欺くこと）や、南北戦争の軍人トーマス・Ｊ・ジャクソン少将の言葉「欺き、迷わせ、驚かせる」のように、歴史的な名将は戦

【奇策による決定的な効果】

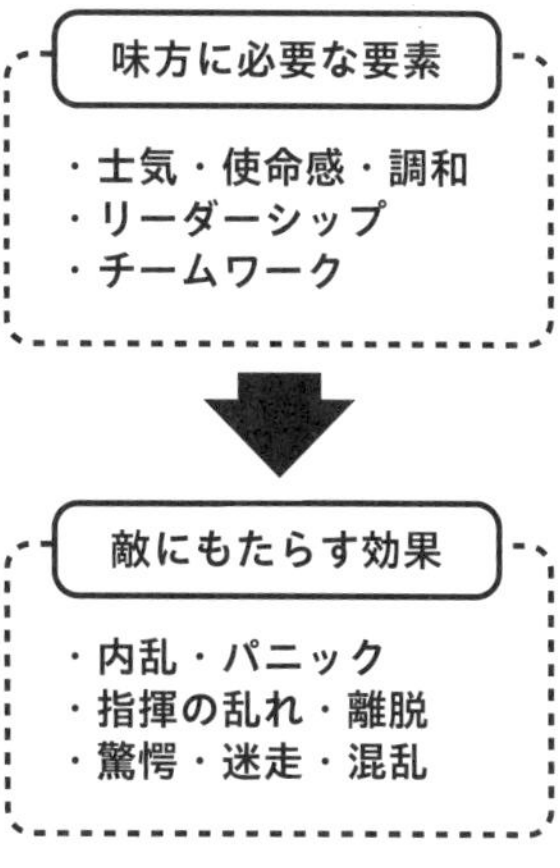

いの極意として「正策」だけが勝利を導くとは述べていない。

彼らが重要だと発見したものは、敵軍での「混乱」や「乱れ」、さらには「内乱などによる大量離脱」といったような「奇策」での効果だ。

ＯＯＤＡを生み出したボイド大佐の貢献は、戦闘機が一機で二百五十億円もするこの時代でも、ＯＯＤＡが昨今の軍事戦略やビジネスでも適用できることだ。

日本軍が、過度な精神論で戦争に突き進んだことは、「失敗」以外の何物でもない。自国民の人権を無視し、国家が戦争に突き進んだことは歴史的な大罪である。

しかし、戦時中の彼らの使命感や士気は、吉川少尉のような諜報活動を成功させ、真珠湾攻撃を事前に知らなかった現場のアメリカ軍に、「混乱」や「乱れ」などのパニックを起こしたことはまぎれもない事実だ。

それが一時的な勝利であっても、真珠湾攻撃そのものは「戦術」での「奇策」であり、その「暗黙の誘導と統制」による「決定（Decide）」の暗黙的なプロセスは、スピード感を重視するＯＯＤＡの原則に当てはまっていると言わざるをえない。

自分たちが信じた「奇策」をカタチにできるか

　このような「奇策」を用いた奇襲攻撃は、戦争に限ったことではない。ビジネスの世界でも度々起こっている。

　アメリカの巨大ビデオレンタルチェーン、ブロックバスターを破産に追い込んだネットフリックス（Netflix）や、既存のホテル業界を激震させたエアビーアンドビー（Airbnb）、これらの新興企業が成功した原因は、大規模で資金豊富なライバルの弱みを見つけ出し、物理的に立ち向かうことを回避したからにほかならない。

　ネットフリックスであれば、インターネットという最先端の武器や、ハリウッドにある様々なスタジオのノウハウを手に入れることで自社生産を実現した。エアビーアンドビーは、シェアリングエコノミーというアイデアによって、既存ホテル業に立ち向かった。

　彼らに共通することは、スタートアップ企業から始まり、スピーディーな意思決定をおこなうことで急成長した点だ。

「ＤＶＤプレーヤーがあるのに、わざわざネットを使って映画なんて見るのか」や「自分の家に他人を入れるなんて、頭がおかしいんじゃないのか」といったような意見を相手することなく、自分たちが信じた「奇策」をカタチにしたのは称賛に値する。

このビジネスでの活用は後でじっくり話すとして、いずれにせよ「欺き、迷わせ、驚かせる」、これは戦争であってもビジネスであっても、弱者が強者に勝つための秘訣であり、その意思決定プロセスであるＯＯＤＡの暗黙的な「決定（Decide）」は、迅速であればあるほど効果があるのだ。

第三章

ビジネスにおけるOODAの存在意義

「パラダイムシフト」でビジネスの根本が変化する

軍事戦略でのOODAの立ち位置はこれくらいにして、ここからはビジネスでどのようにOODAを活用していくかについて話していこう。

まずは、そもそもOODAが今後のビジネスにおいて、すでに必要不可欠な意思決定プロセスになっていることを認識しなければならない。私はこれまで「ビジネスが多様化している」とか「スピード感が問われている」など、いろいろ言ってきたが、これをロジカルに説明していくとしよう。

かつてスタートアップ企業だったネットフリックスやエアビーアンドビーの台頭は、大企業だったブロックバスターや既存ホテル業に大きなダメージを与えたが、これを事業開発の世界では**「一見、狂っているように見えるよいアイデア」**と呼んでいる。

「狂っているアイデア」ではなく、「一見、狂っているように見える」が大事で、それが「よいアイデア」でなくてはならない。

どういうことかと言うと、よいアイデアは資金が潤沢にある大企業に飲み込まれる。だからと言って、悪いアイデアは誰も採用しないし、ビジネスそのものも成功しない。

でも一見、狂っているように見えるけど、実はよいアイデアは、大企業に気づかれることなく、徐々に成長していくので、大企業がそれに気づいたときには「時すでに遅し」となるわけだ。急成長したほとんどのスタートアップ企業は、それに当てはまっており、世間では結果論として「イノベーションが起きた！」と認識される。

しかし、**実はこのような「一見、狂っているように見えるアイデア」というのは、パラダイムシフトという概念を用いて考えれば、奇跡でも何でもなく、ロジカルに説明が可能**だ。それを理解している人は成功できる可能性も高くなる。


パラダイムシフトとは、その時代では当然と考えられていた認識や価値観などが、劇的に変化することを言う。

その代表的な例が、イギリスを筆頭に起きた十八世紀の産業革命だ。もともと「村」という個々の集まりだったコミュニティが、蒸気機関車の出現によって、今まで知りえなかった概念や物が、コミュニティ間を行き来することで、社会は劇的に変化した。

たとえば、ある村に、自分の工房で黙々とオリジナルの機械式時計を作る時計師がいたとしよう。その時計師は、いわゆる「職人」で、時計のネジ一本から一人で作り上げている。完成までの工程は一人作業で、そこに分業という概念は存在しない。

しかし、その時計のよさを知った隣村の人がやってきて、「五十個注文したい！」と言ってきたらどうなるだろう。今まで毎年二つしか作れていなかったとしたら、一気に二十五年分の受注が決まったことになる。

当然、一人では無理なので、ほかの時計師と協力して作ることになる。リューズを専門に作る人、ゼンマイを専門に作る人など、「多重体制」から「分業体制」になる。

結果、個人所有の時計工房は巨大化し、一つの大きな時計工場に変貌する。これが産業の大規模化だ。こうなると、それを管理する人が必要になってくるわけで、これがいわゆる「マネジメント」だ。ここでようやく、マネージャーの存在意義が出てくる。

この産業革命によって経済は発達し、雇用が生まれ、企業も個人も利己的な利益を追求することが「善」とされた。人々の欲求はどんどん増していき、好きなものを買って、使い、また買い足す。資源や製品の大量消費の時代になった。

つまり、十八世紀に起こった「資本主義のパラダイムシフト」によって、あらゆる分野での産業が「大規模集中型」になった。大型計算機、大型印刷機、大型工場が国家の経済力に大きく影響し、経済は豊かになっていった。

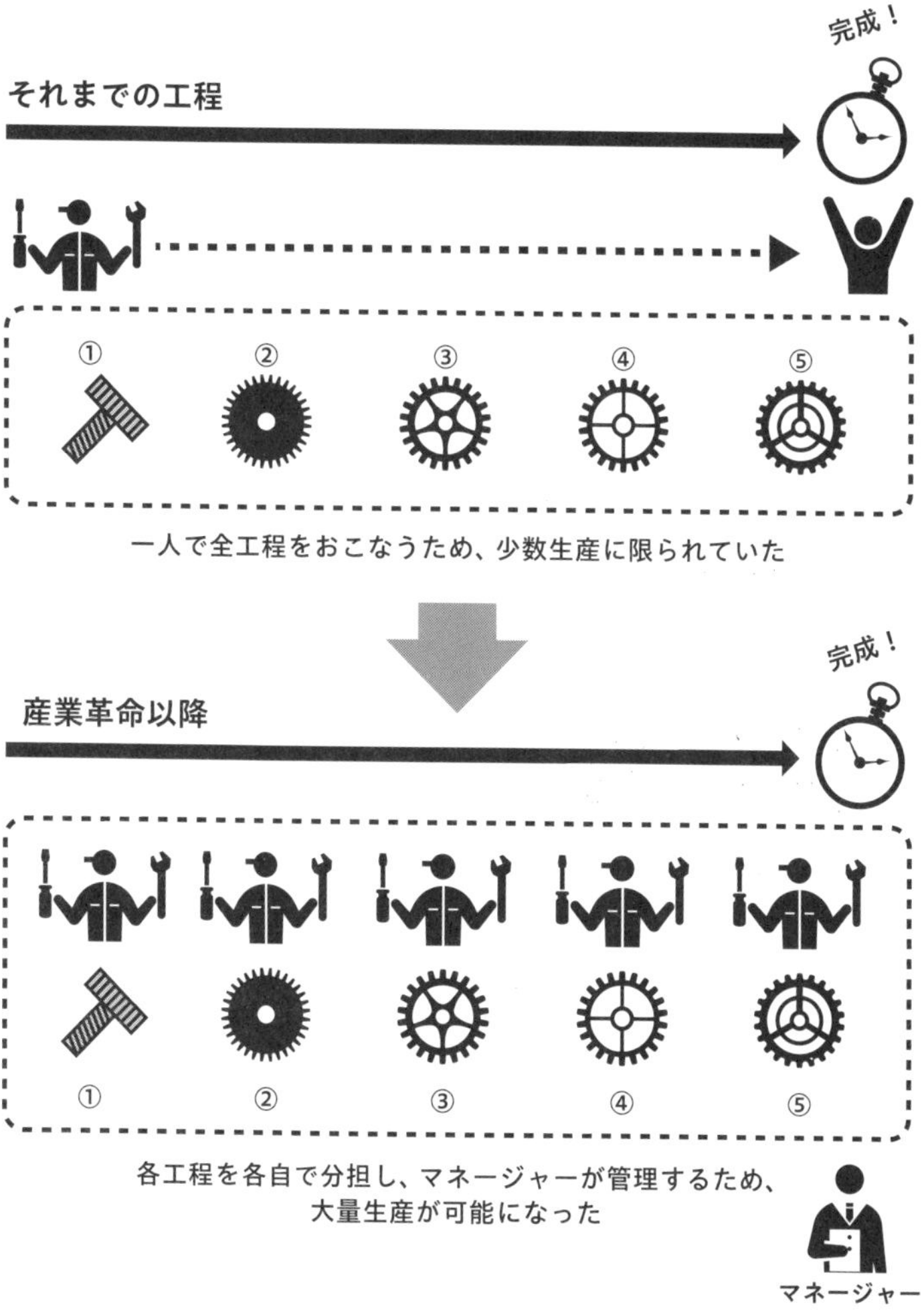
完成！
それまでの工程
①
②
③
④
⑤
一人で全工程をおこなうため、少数生産に限られていた
完成！
産業革命以降
①
②
③
④
⑤
各工程を各自で分担し、マネージャーが管理するため、
大量生産が可能になった
マネージャー

日本だと、高度経済成長期をイメージするとわかりやすい。

産業は「大規模集中」になり、契約行為によって「協業」というシステムが生まれた。成長した「大企業」は買収を繰り返して、欲しいヒトやモノを「所有」するようになる。「私利」という利己的な利益の追求は留まることを知らず、企業は業績の向上に努めた。これが「ザ・資本主義」というものだ。

そうともなれば、イノベーションよりも「品質管理」が第一になる。

綿密に計画（Plan）を立て、マネージャーが承認（Decide）し、十分なチェック（Check）を経て、生産（Action）していく。安定した環境で、高い品質のものを作り上げるＰＤＣＡ重視の「ものづくり体制」が誕生する。製造業が経済の多くを占める日本では、このＰＤＣＡでの意思決定プロセスは、非常に的を射ていた。

「第二次パラダイムシフト」が到来する

しかし、この約二百年で時代は変化した。昨今の状況を改めてイメージしてほしい。

ＧＡＦＡと呼ばれる新興企業の時価総額が上がり、かつて世界のトップクラスだった日本の通信業や生産業は見る影もなく、その地位をＧＡＦＡなどに明け渡している。

大企業では繰り返し「変革」「イノベーション」を追求するようになり、ヒット商品やサービスは早いものだと三ヵ月も待たずに廃れる。大規模計算機はスマホに姿を変え、大型印刷機は携帯できるほど小型になり、工場がなくても３Ｄプリンターで立体物が成形できるようになった。

産業革命が創り出した大規模集中は「小規模分散」へと変化した。

「スタートアップ企業」が大企業を倒すことも不可能ではなくなり、協業しなくても「オープン・コラボレーション」でビジネス

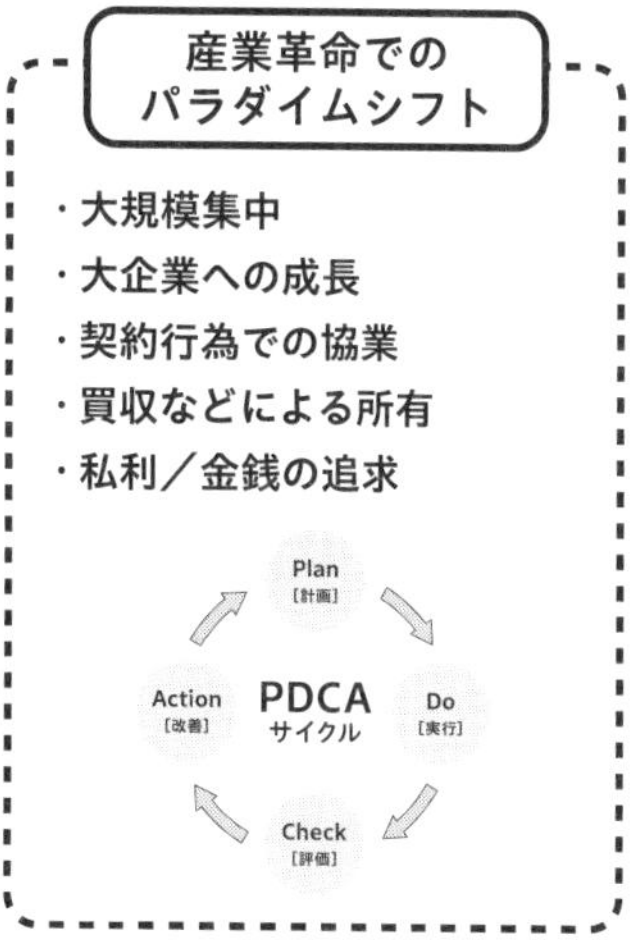

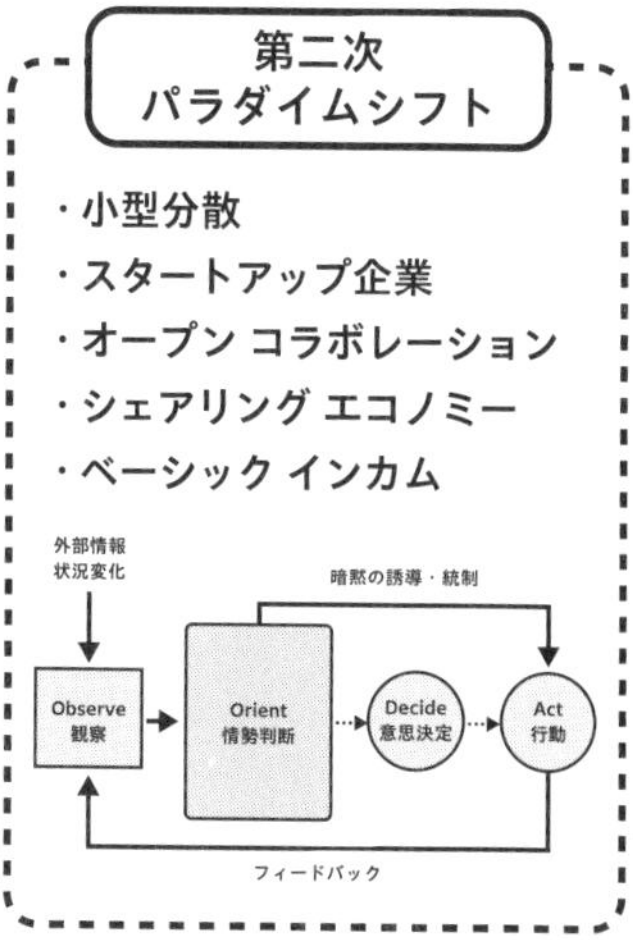

は回るようになった。自動車やホテルを所有しなくても、ウーバー（Uber）のように「シェアリングエコノミー」という概念が生まれ、ビッグデータやAIなどの技術発展によって、人々は働かなくても「ベーシック・インカム（最低限所得保障）」という不労所得を得られる段階まで来ている（欧州ではすでに始まっている）。

今、まさに新しいパラダイムシフトが人類に迫りつつあるのだ。

この「第二次パラダイムシフト」で必要なのは、品質管理よりも「イノベーション」であり、スピーディーに状況を観察（Observe）し、暗黙的に方向性（Orient）を決め、迅速な決定（Decide）による行動（Act）は不可欠になる。

不確定な環境でOODAをスピーディーに回すことは、「第二次パラダイムシフト」に適用することでもあるのだ。

いかがだろうか。このパラダイムシフトという概念を用いてもわかるように、**これからの時代に重視すべきはOODAの活用であり、多くの人々が経済的利益を超えた価値観からなる意思決定になりつつある**のだ。

これを資本主義の限界だと唱える学者もいるが、正直なところ未来は誰にもわからない。ただ、その「解」を追求する探求心は、こっそり自分の中で持っておくべきだろう。

異なる「知」の組み合わせがイノベーションを起こす

日本の終身雇用制は今も根強く残っており、特に四十代よりも上の年代は、所属する企業に定年まで勤め上げる比率が高い。

最近では、所属する企業を一度辞めて、何年かしたらまた戻ってくる「出戻り社員」を歓迎する企業がいる。一方で、それを許さないと断言する経営者も一部いる。出戻り社員を許さないと言い放つ経営者は、一体どんな理由をもってして許さないのか。私には理解できない。その経営者の個人的な感情として、「裏切られた」とか「忠誠心が足りない」とかいう理由だろうか。ステレオタイプにもほどがある。**経営学の観点から見ると「出戻り社員」を許さない経営者は、企業を衰退させる元凶と言っても過言ではない。**

なぜならば、第二次パラダイムシフトで重要視される「イノベーション」は、異なる「知」の組み合わせがないと起こせないからだ。異業種の「知」の組み合わせで有名な事例だと、ビデオレンタルショップがある。

ネットフリックスやアマゾンが主流の現代、ビデオレンタルショップはもはや過去の話になるが、たとえばビデオやＤＶＤを借りると、十日間で千円、二十日間で千五百円といったレンタル料金が発生する。もし返却予定日を過ぎた場合、百円とか二百円の遅延金が発生する。だいたい十％前後が相場だが、借りたことをすっかり忘れて、なかには借りたお金の何倍もの遅延金を払う人もいた。

そう、実はこのビジネスモデル、高利貸しとまったく同じ仕組みなのだ。十日で一割の利率を消費者金融業界では「トイチ（十日一割）」と呼ぶ。当時の「イノベーション」とも言える画期的なビジネスモデルの原型は、トイチという異業種の「知」から来ている。

つまり「イノベーション」は何もないところから突然、生まれてくるのではない。異なる「知」を組み合わせることで起こる。なぜなら、既存組織の中で同じような人が集まっても「知」の組み合わせは尽きてしまう。これは確率の概念からも予想できるだろう。

外部の異なる「知」が組み合わさることで、イノベーションが起こるとしたら、先ほど言った「出戻り社員」は、企業にとっては宝そのものだ。それは、異なる「知」を外部に求めることであり、異なる「知」を内部に保有することでもある。

ほかの企業で知見を広げた後に、もともといた企業に戻ることで、新しいビジネスモデルを開発できる機会は高まる。これは前のほうで説明した「両利きの経営」や「オープ

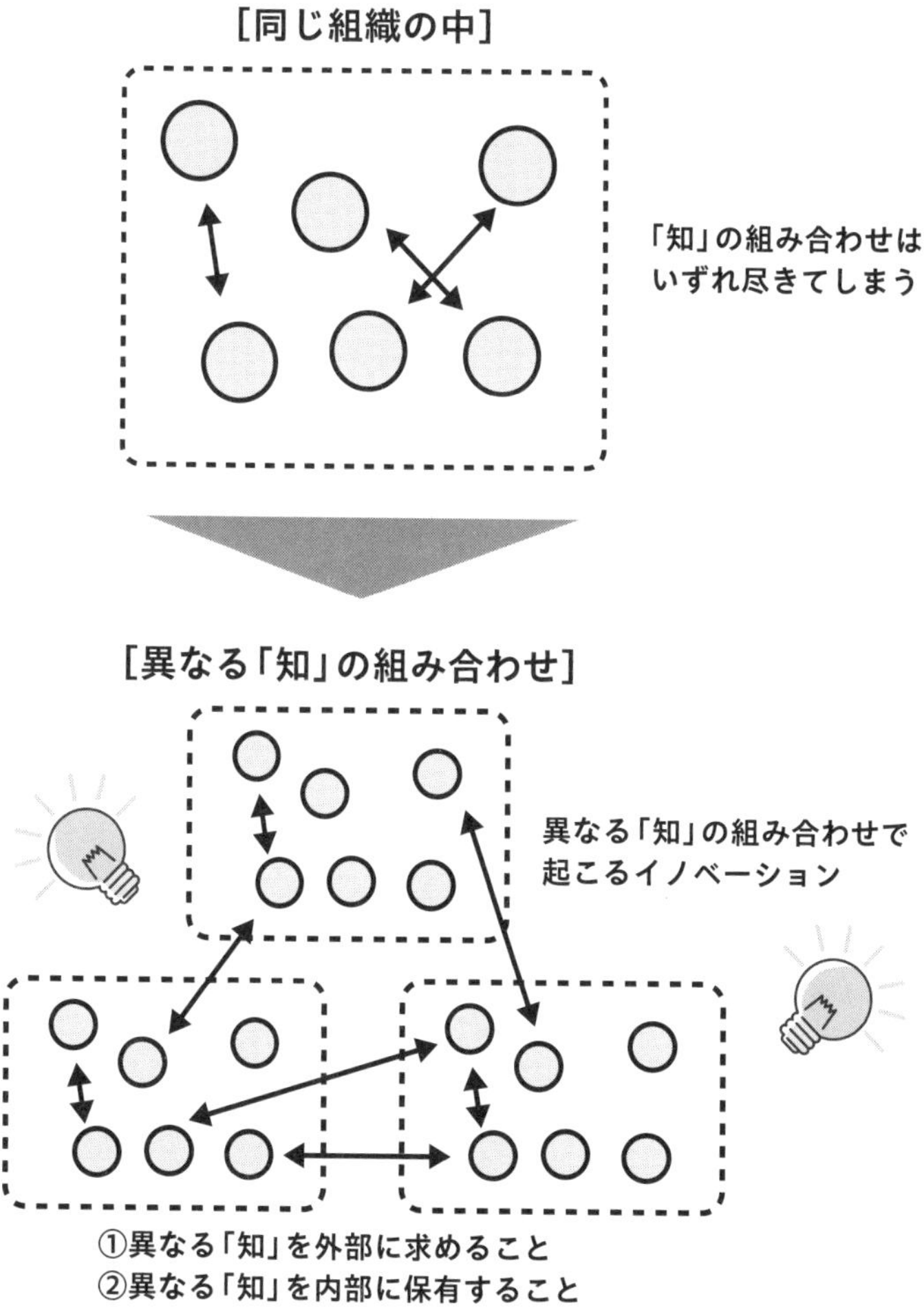
[同じ組織の中]
「知」の組み合わせは
いずれ尽きてしまう
[異なる「知」の組み合わせ]
異なる「知」の組み合わせで
起こるイノベーション
①異なる「知」を外部に求めること
②異なる「知」を内部に保有すること

ン・コラボレーション」にも通じるものだ。

異業種で起こっていることは、決して他人事ではない。その現象が、いずれ自分自身に降りかかることを想像するチカラがないと、第二次パラダイムシフトでは生き残れない。もし、ネットフリックスやウーバーの可能性を少しでも感じた経営者がいたのなら、ブロックバスターやホテル業界の運命も変わっていたのかもしれない。

ＯＯＤＡを回すために必要な組織文化

ＯＯＤＡの生みの親であるボイド大佐は、ドイツ軍将校とのインタビューを通じて、それらの軍事ドクトリンを分析し、その成功要因を四つの属性にまとめている。

ドイツ軍の強みは、技術的な要因よりも文化的な要因が強く、ボイド大佐は、それらを「オペレーション成功のための組織文化」と呼んだ。

これらの属性はＯＯＤＡを高速に回すだけでなく、一度形成された後、変化が容易ではない組織文化を、よい方向性に導く指針にもなりえる。

【オペレーション成功のための組織文化】
・**信頼**：一体感、結束力
・**直観**：不確定な環境下での直観的な感覚
・**任務**：上司と部下との間でのミッション契約
・**方向性**：任務を完遂するための軸

それぞれ順に話していこう。

リーダーへの「信頼」は国によって違う

まずは「信頼」だ。

アメリカ国民が抱くリーダー像と、日本人が抱くリーダー像は根本的に違う。たとえば、私が学んでいた法執行学（Administration of Justice／警察学とも言う）では、研究や講義の一部で「警察官と消防士はどっちがヒーローか」といったようなテーマが議論されることがある。よくアメリカンコミックなどで、警察官や消防士がヒーローとして描写されることがあるが、どちらがヒーローかと言えば、両方ともヒーローであることに間違いはない。

ポイントはそこではなく、ヒーローとして警察官や消防士の名前があがることだ。

二〇二〇年一〇月、当時のドナルド・トランプ大統領が、新型コロナウイルスの陽性判定から執務に復帰したとき、ヘリコプターでホワイトハウスに到着し、ハリウッド映画さながらの演出動画が話題になった。

ただ、これはアメリカ国民からしたら、そこまで不思議なものではない。大統領のような国の代表はヒーローであり、力強くなければならないからだ。

ラポート・トークとレポート・トーク

話をもとに戻そう。法執行学で勉強するものの一つに、警察官が法執行をする上での報告書がある。パトロールや911番通報などで現場に駆けつけたときの状況を、報告書としてまとめるのだが、第二次世界大戦中の警察官が書く報告書は、使用する単語も難しく、英語を母国語としない国民が、それを理解するのは困難だった。

アメリカは移民大国であり、公用語を英語であると定めていない。それ以降、警察官の報告書は「シンプルな単語を用いたブロック体の文章」でなければならなくなった。誰が読んでもわかりやすい単語を使い、ブロック体でハッキリ書くことが必須だ。

もし、読みにくい筆記体で文章を書いた場合、たとえばSuspect（被疑者）とSuspects（被疑者たち）では、末尾に「s」があるかないかで事件を大きく左右する。つまり、いろいろなバックグラウンドを持つ**アメリカにおいて、ヒーローとは「わかりやすい言葉を使い、その存在と威厳が想像しやすい」ことが前提条件**としてある。

アメリカ歴代の大統領演説には、ストーリー性（Stories）、ユーモア（Humor）、比喩（Analogies）、引用（References）、描写（Pictures）といった要素が詰め込まれている。スピーチとは、わかりやすいストーリーの中で、面白み、ユーモアを入れ、何らかのたとえや引用的なものがあり、想像しやすいものが望ましいのだ。

このような要素があると「もっと聞きたい！」や「なるほど！」と国民に理解されやすいし、「信頼できそうな人」と思ってもらいやすくなる。このようなスピーチを「ラポート・トーク（Rapport talk）」と呼ぶ。

一方、事実だけに基づいたスピーチを「レポート・トーク（Report talk）」と言い、これは名前の通り、ただの報告に過ぎない。このようなスピーチは、二分もすれば眠くなってしまうし、まったく頭の中に入ってこない。

では、日本ではどうだろうか。日本では圧倒的にレポート・トークが多い。私が新卒のとき、ある企業の内定式に出席したところ、そのスピーチが圧倒的につまらなかったのを覚えている。そのスピーカーだからなのかとも思ったが、それ以降、日本でのキャリアで目の当たりにするスピーチの大半がそうだったことが、現実を物語っている。

要するに日本では、スピーチはあくまでも報告であり、そこにユーモアやストーリー性を用いて聴講者を説得しようとする意識が、そもそもないのだ。

いろいろな社会学者の方と、その理由について議論したところ、それは歴史的な背景が関係しているようだ。貴族、公家、士農工商、といったような身分制度があった日本では、身分と階級の間を行き来することは、よほどのことがない限り不可能だった。

生まれながらの公家、政《まつりごと》をおこなう武士、その地に暮らす民《たみ》は、まったく別世界の生き物であり、誰かを説得する以前に、むしろわかりにくい言葉を話したほうが、その「地位と学識を誇示できる」のだ。その文化が今日にまで影響し、レポート・トークが連発される社会になったのだろう。言うまでもなく、この文化はチームワークにおける「信頼」そのものに影響していると言わざるをえない。

過度なマネジメントがチームの信頼関係を破壊する

さらに、古来、日本では、富は持っているかもしれないが政をしない公家と、お金はそこまでないが政をおこなう武士のように、「富」と「権力」は分散していた。そして、明治から戦後にかけて、日本は「平等」を社会システムの中核的価値観とした。教育システムから企業での出世までが、「平等」というルールに基づいて運営されたのだ。

若くして成功した者を、アメリカでは「so rich, so famous, so young」的な表現で称賛することがある。だが、日本でお金持ちのリーダーは歓迎されない。なぜなら、**日本人は「機会の平等」と同じくらい「結果の平等」にも固執する**からだ。

特に戦後以降は、国民が自国の強さについて考えが及ばなくなっているようだ。

首相が三十万円の腕時計を身に着けていると批判されたり、大臣がアトピー性皮膚炎の予防の一環として、竹で作られた腕時計が金無垢に見えたことで批判されたり、リーダーへの風当たりが異常なほど強い。それを批判する国民は、一体どんな心理で批判しているのか、私は不思議でならない。嫉妬か、それとも単なる暇つぶしなのか。

一国を代表する首相や大臣が、国際社会で日本という国家の威厳を保つために身に着ける腕時計が、三十万円ではなく三万円でなくてはならない必要性がどこにあるのか。

普段は質素な暮らしでも、スピーチやパーティーなどでは、それなりに着飾るのは国際的なマナーでもある。それをわかった上で批判しているのか、私は理解に苦しむ。

アメリカのように、がんばって成功した人を称え、その能力に対して尊敬の意を表す以上に、日本では「結果も平等であるべき」という謎の文化があり、そこから少しでも出ようとする優秀な人の足を引っ張りたがる。「出る杭は打たれる」とは、まさにこのことだ。

そのような社会では、ラポート・トークは必要ない。どんなに他人を説得しても「結果の平等」という見えないお化けが背後にいる限り、「事実」だけを淡々と話すレポート・トークで、十分に事は足りる。しかし、残念ながら結果に平等なんてものはありえない。日本が社会主義国家ならまだしも、資本主義国家において「結果は常に不平等」である。それを**成功に近づけるために「信頼」という組織文化を定着しなければならない**のだ。

一体感を生む「信頼」は、すべての組織の基礎であり、それはリーダーシップやマネジメントにも共通するものだ。部下を説得できなければ、一人ひとりをコントロールしようとする衝動に駆られてしまう。そうなってしまうと、もはや権限委譲の場合ではなくなる。この過度なマネジメントがチームの信頼関係を逆に壊してしまうのだ。

あなたも、過度に管理してくる上司を望んではいないだろう。逆に、部下を過度に管理したい上司は、チームの悪循環から脱することができない。その理由は簡単で、信頼していないからだ。だからと言って、どうしていいかもわからない。そのジレンマにおちいっているのだ。しかし、その答えは、すでに二千四百年前、孫子によって出ている。

上下同欲者勝

「上下の欲を同じうする者は勝つ」

上下の欲を同じくする者は勝つ。

つまり、**部下に自分と「同じ目的」を共有できない上司は、過度なマネジメントで組織を壊滅させることしかできない**のだ。

共有と言っても、ただ伝えればいいというわけではない。心の底から納得し、共感してもらえないと意味がない。

特に守られた環境下では、その現象は如実に現れる。あなたも自分のキャリアで、怠惰《たいだ》な管理職を目にしたことがあるかもしれな

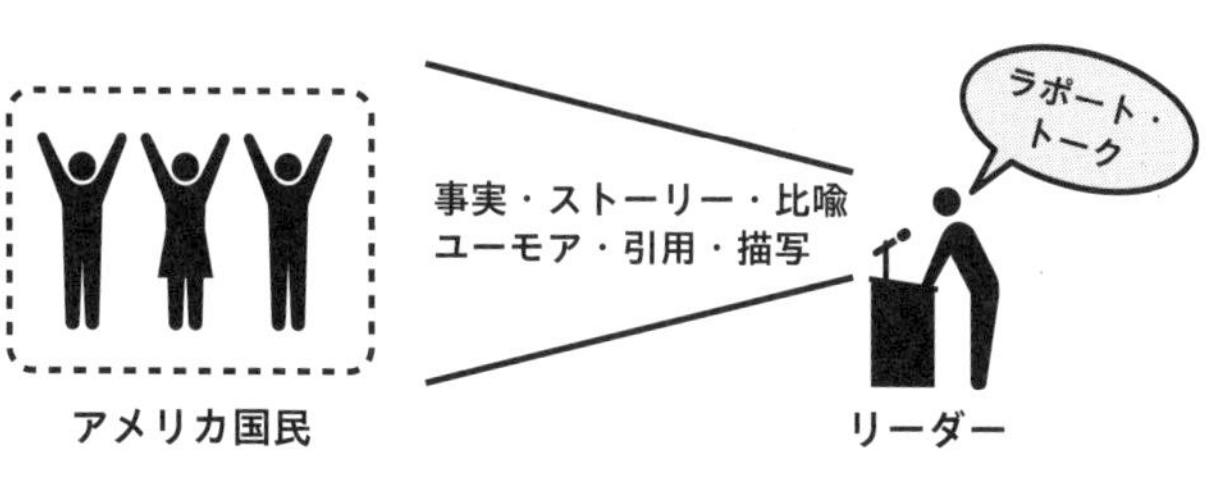

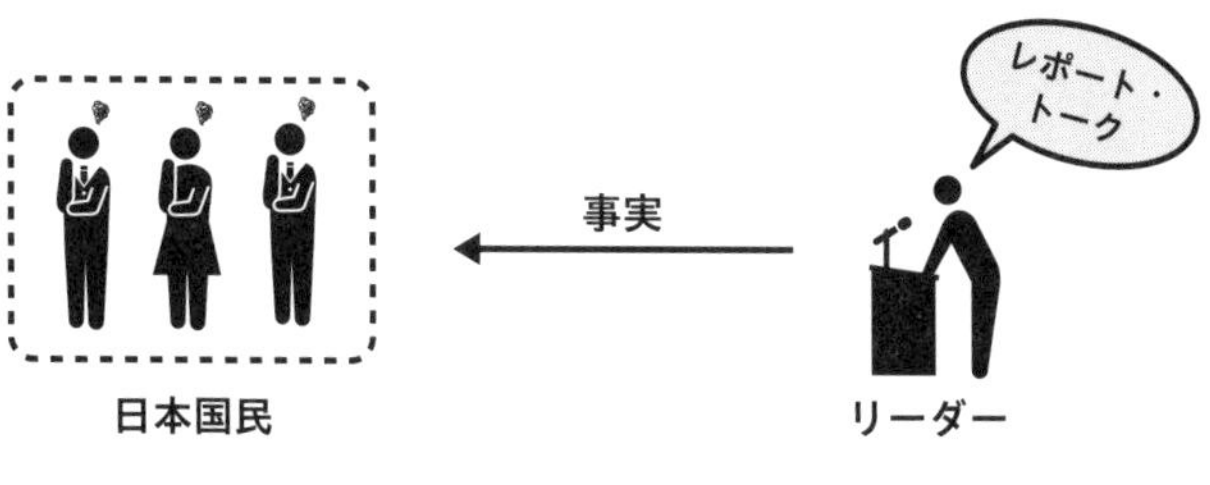

い。権力だけを持ち、部下からまったく信頼されない彼らは「裸の王様」でしかない。

「同じ目的を持つこと」でしか信頼関係は強くならない

では、この信頼はどうしたら構築することができるのか。

ボイド大佐は、その結論として「組織を複雑で危険な状況に直面させ、そのことで兵士たちを訓練し、体験の共有を促進すべき」としている。

つまり、緊張感が薄れたチームを積極的に現場の第一線に投入し、そのリーダーと部下が「同じ目的を持つこと」でしか、信頼関係は強くならないということだ。

改めて考えてみてほしい。チームの絆の代名詞とも言える部活では、勝利という「同じ目的」を持ち、常に訓練や試合などで危機を乗り越え、時には負け、時には勝ち、その体験をお互いに共有してきた。それは民間企業も軍隊も同じことなのだ。

もし、あなたがスタートアップ企業の社員だとして、会社が大きくなった後に入ってきた役員と、創業期から一緒に戦ってきた役員が仲間割れをしたとき、あなたはどちらに味方するだろうか。

よほどの理由がない限り、後者の可能性が高いだろう。結局のところ「信頼」は、同じ目的の中で、お互いが説得し、理解し、共有することで築かれるのだ。

「経験」が「直観」を強くする

では、次に「直観」の話だ。第二次パラダイムシフトによって、これからの世界は今まで以上に不確実で急激な変化が予想される。

アメリカの認知心理学者、ゲイリー・クライン氏は、素早い判断が必要な職業である消防士などを調査したところ、彼らの直観的判断が最善のパフォーマンスをもたらしていることが明らかになった。

ただ、このような直観的能力、いわゆる認知主導型意思決定（実体験で蓄積した引き出しの中から、適切と思われる策を選び出し、修正しながら実行する意思決定）は、長年の経験によって蓄積される。たとえば、士官学校を卒業したばかりの軍人が、これを用いて意思決定をするのは、全体の半分にも満たない。それに対して、戦場などの指揮官は、全体の意思決定の九十五パーセント以上も、これに頼っている。

つまり、**経験を十分に積まない限り、この直観的能力は身に着かない**のだ。

ここでも、伝統的な日本企業が劣勢の立場であることが判明する。ご存じの通り、伝統的な日本企業は年功序列だ。私のように、経営者とコミュニケーションを取りながら、事業開発をする立場の人間でない限り、ほとんどの仕事での経営的な判断は、担当者の上司である中間管理職がおこなうことになる。

どういうことかと言うと、若いうちから経営的判断をする経験が積めないのだ。OODAの速さの正体がミッション・コマンドであることはすでに話したが、ほとんどの日本企業で、これが驚くほど機能していない。

私が言っている若手とは、二十代の社員のことだ。いや、もっと理想を言えば新卒から五年目までの社員が望ましい。この年代は、リーダーとしての経験をする時期で、欧米であれば六年目くらいにはビジネススクールに行って、これまでの経験を学術的に分析し、三十代前半には、経験と学術の両方を兼ね備えたリーダーとしての活躍が期待される。

しかし、日本でそのようなキャリアパスはマイノリティーだ。新興企業やスタートアップ企業ではない限り、二十代はただひたすら受け身の仕事をおこない、三十代になるとそれなりに後輩を任せられるが、それでもマネジメントの権限はなく、四十代になってようやく課長というポストが与えられる。これらのすべての要因は、高度経済成長期によって安定した環境下での製造業がメインだったからだ。

さらに、減点方式の人事制度によって、挑戦よりも失敗を恐れることで、マネージャーは部下に裁量権のある仕事を与えようとしない。すべての経営的判断を自分でおこなうことで、なるべくコントロールできる範囲に置いておきたいのが本音だ。これではミッション・コマンドなど実行できるはずもなく、若手はいつまで経っても育たない。

若手に権限を与えない企業でどう生きるか

直観という認知主導型意思決定は、ＯＯＤＡでの暗黙的な「暗黙の誘導と統制」に類似している。つまり、ビジネスマンとしての直観を育成しない限り、企業の管理職は高齢化して生産性が落ち、全体の活気が失われる。自分の食い扶持《ぶち》を保ちたい気持ちはわからなくもないが、老兵は潔く退陣することが望ましい。特に、第二次パラダイムシフトで重要なのはスピード感であり、いつまでも席を譲ろうとしない姿勢はいかがなものだろうか。

私が、外資スタートアップ企業の社外顧問として、ライブ配信事業を指揮していたとき、毎日が経営的判断の連続だった。投資先からの出資額とイベントに費やすコスト、さらにはライバーの人件費から時期によって変動する収益まで、これらすべてを管理しながら、ライバーのやる気を維持するために、チームの目標を期ごとに設定していた。

この経験を繰り返すことで、間違いを修正しながら自分自身の認知主導型意思決定を高めることができる。昨今、スタートアップ企業に就職する学生が多いのは、早いうちからこのような経験が積めるという理由にほかならない。これらの経験は、OODAにおける「暗黙の誘導と統制」である「暗黙的な決定」をきたえる第一歩になる。

もし、あなたの職場が若手に権限を与えないステレオタイプな企業だった場合、選択できる方法は二つある。一つ目は、今すぐに転職する。二つ目は、既存事業ではなく新規事業に注力し、新しく自分が指揮できるフィールドを創り出すことだ。

「そんなことを言われても、新規事業なんて簡単じゃない」と思うかもしれないが、第二次パラダイムシフトが起こっている今、新しく事業を開拓しないほうが危険だ。事業の創造は、もはや避けては通れない段階まで来ている。日本で一番の企業であるトヨタ自動車（以下、トヨタ）でさえも、自動運転車やロボット、さらには住宅などのモノやヒトがインターネットで繋がり、集めたデータを活用した「ウーブン・シティ」を目指している。

トヨタは、OODAを日本で誰よりもうまく活用し、トヨタ生産方式（TPS）を開発した。ムリ（無理）、ムダ（無駄）、ムラをなくすために、どこの工場よりもスピード感を重視したラインシステムを持っている。ボイド大佐が主張した「明示的ではなく、暗示的な部分を強調すべき」を、誰よりも忠実に実施しているのだ。だが、これが機能しているのは、トヨタ社員が持つ直観的能力の高さゆえに成立することだ。

「直観」は諜報力によって左右される

では、直観を高めるためには何をどうすればいいのか。

これは新規事業の開発にも繋がることだが、**経験を積みにくい環境であれば、「諜報力」を高めることが重要**だ。ここでの諜報とは、別に「企業スパイになれ」と言っているわけではない。自分自身の「特殊情報」と「一般情報」を高めることだ。

まず「特殊情報」とは、直接案件に結びつく情報のことで、調査対象の製品やサービス、さらにはその顧客に関係する情報だ。どんな方向性ならビジネスとして成長できそうか。本質的な課題は何なのかなど、なるべく深く徹底的におこなうといい。

次に「一般情報」だ。これは広義の情報のことで、一つの石ころから宇宙まで、いろいろな知識に対して貪欲になればいい。イノベーションが、「知」と「知」の組み合わせであるように、優れたアイデアの源は、何ら関係のない場所にあることが多い。

戦時であれば、スパイが収集した小さな情報が一国を揺るがす大きな転機にもなりえるし、ビジネスであれば、あなたが日ごろ見聞きした他愛もない知識が、イノベーションを起こす原石になることもある。

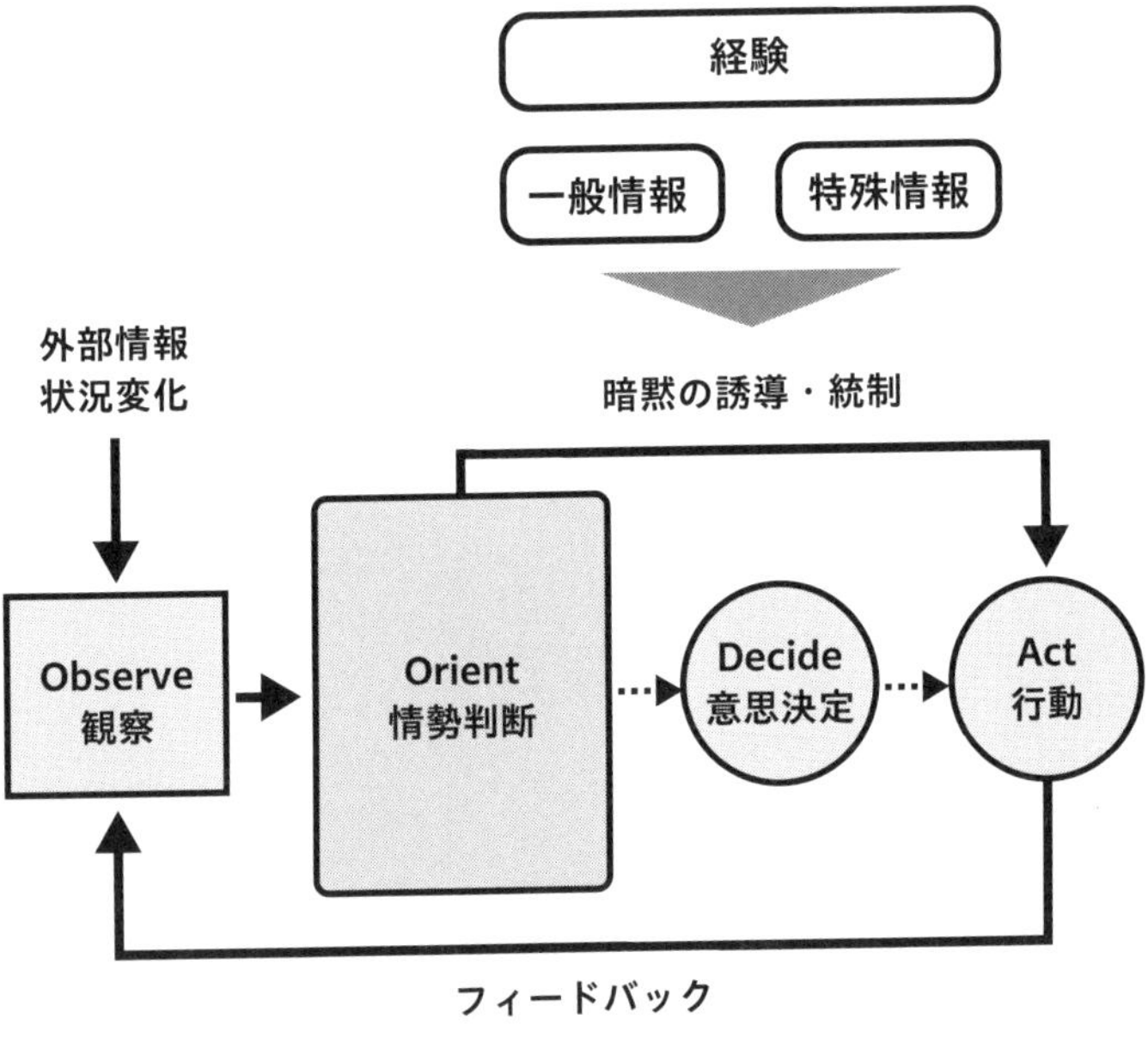
経験
一般情報
特殊情報
暗黙の誘導・統制
外部情報
状況変化
Observe
観察
Orient
情勢判断
Decide
意思決定
Act
行動
フィードバック

故三軍之事、莫親於間、賞莫厚於間、事莫密於間、
「故《ゆえ》に三軍の事は間《かん》より親しきは莫《な》く、
賞は間より厚きは莫く、事は間より密なるは莫し」
軍隊の中で、間者ほど信頼の必要とされる職種はなく、
高い俸給を与えないといけない。絶対に秘密厳守であることだ。

孫子の最終章では、この諜報力について記されている。ここでの「間者」は、いわゆるスパイのことだ。なるべく経験が積める企業に身を置き、諜報力を備えることは、あなた自身の成長に確実に直結するのだ。

「任務」を完遂したいなら、上司と徹底的に交渉しろ！

三つ目は「任務」だ。あなたは上司から仕事を任されたとき、その命令が理にかなっているか、あるいは、その任務を達成するための時間と資源などの交渉はするだろうか。

この質問に「ＹＥＳ」と答えた人は、相当肝《きも》が据わっているに違いない。一般的に日本

の若手社員で、これをする人は少ないだろう。ほとんどの人は、受け身の姿勢で業務命令にしたがう。しかし、これでは何のための業務（任務）なのか、曖昧になることがある。

仕事にトラブルはつきもので、それに対処するためには膨大な労力が必要だ。戦争のように、必死になって対応することもある。そんなとき、上司からの命令が理不尽だと気づいたり、任務を達成するための時間や資源が不足していたら、あなたは悔やむだろう。

だが、そもそも論「業務命令が理にかなっているか」とか「時間と資源が足りているか」などについて、上司と交渉する概念を持たない日本人は多い。そんなこととして「上司に嫌われたらどうしよう」「それで出世に響いたら嫌だな」と戦々恐々するのが一般論だ。

でも、よく考えてみてほしい。

そのような原因で任務を失敗したほうが、あなたの出世に響くのではないか。それでもあなたは、時間と資源が枯渇《こかつ》した理不尽な負け試合を、淡々と遂行するだろうか。その仕事は、あなた自身にとっても、所属する企業にとっても「百害あって一利なし」だ。

軍事にせよ、ビジネスにせよ、上司と部下の関係性は「契約行為」だ。もう少し明確に言うならば、それは「リーダーシップ契約」である。もし、その契約に双方が納得していない場合、リーダーシップを発揮することはできないだろう。

部下は上司に対して絶えず報告し、信頼や一体感を一定の水準までに高めなければならない。そのための遠慮は、作戦やプロジェクトの障害でしかないのだ。

上司と部下の間での業務命令は「リーダーシップ契約」

私が急成長したスタートアップ企業にいたころ、その年に入ってきた新卒社員に勢いがある男がいた。彼の名字は「桜井」と言って、一年後、歴代最年少で最多受注をなしとげ、全社総会で表彰されることになる。

桜井は、私にまったく遠慮しなかった。疑問に思うことは徹底的に質問し、業務に関係する時間や資源に対しての交渉が得意だった。

ある日、私は桜井からサバイバルゲームに誘われた。その理由は言うまでもなく、私が空軍ＲＯＴＣ出身だったからだ。数年ぶりの迷彩服に袖を通し、通気性が劣るブーツを履いた私を、桜井はチームリーダーに指名した。ゲームのルールはこうだ。

①チームＡとチームＢで、七対七に分かれる。
②前半は、チームＢが拠点で攻めてくるチームＡを狙い撃つ（後半は攻守交代となる）。

・攻めるチームAの兵士は、
③打たれたら、決められた位置まで撤退する。
④撤退した後、復活して再度チームBに攻め込むことができる。
・一方、拠点にいるチームBの兵士は、
⑤一度打たれたら復活はできない。
⑥制限時間十分でチームBの兵士を全滅させたら、チームAの勝利。
⑦制限時間が経過したとき、チームBの兵士が一人でも残っていたら、チームBの勝利。

ルールは極めて簡単で、私はチームAの指揮官で、桜井はチームAの兵士。いわゆる上

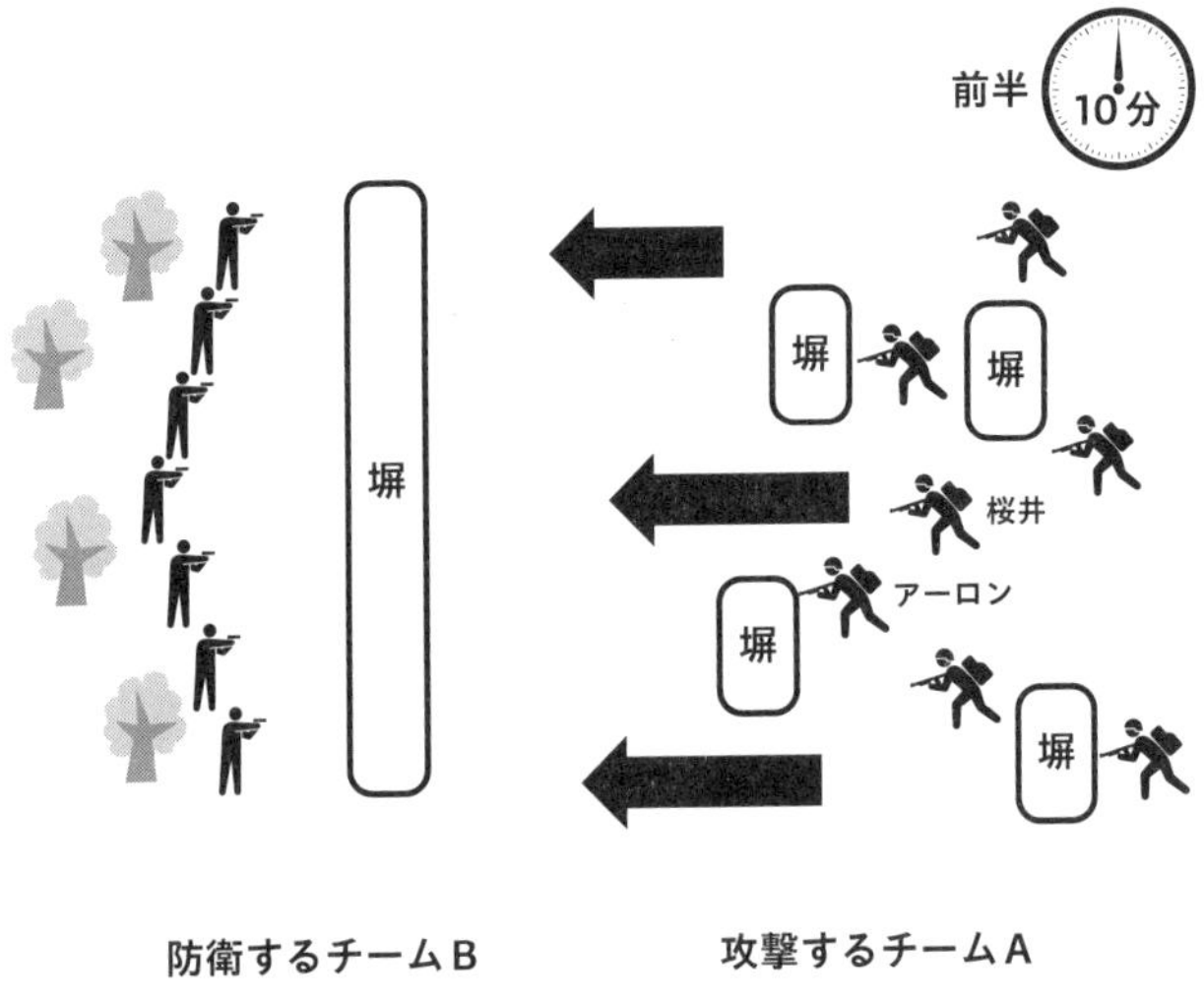

司と部下の関係だ。桜井は私の指示に対して、いつも通りすべての疑問を質問してきた。兵士の配置から時間の使い方、さらには合図の方法に至るまで。

前半はチームＡが攻める側だったので、我々は敵の陣地に攻め込み、打たれては復活し、制限時間残り一分を切ったところで、敵のチームＢを全滅させることに成功した。この段階で、兵士の能力や動きが把握できたと同時に、桜井と私の間にはある程度の一体感が生まれていた。

後半は説明の通り、拠点での防衛戦だった。

すると、私は言い放った。

「桜井、木の後ろに隠れろ」

普通なら素直に「はい」と言うところだが、彼は違った。

「なんでですか？」

「我々の姿が見えなければ、敵は混乱する。その隙を打ち込む」

「なるほど！　名案ですね。隠れるのは私だけですか？」

「いや、七人全員だ。お前には右側を任せる」

「指揮権も？」

「そう。私は左側三名、右側二名の指揮権をお前に預ける」

「アーロンさんは中央ですか？」

私は首を縦に振った。

「真ん中にいたほうが、指示はしやすい」

「いや、僕が真ん中に入ります。もし、（僕が）打たれても、アーロンさんが生きていれば大丈夫です。最初の三分だけください。ダメなら交代します」

「わかった。無理はするなよ。交代がダメそうなら、右側に移動しろ」

「はい」

彼はすべてを悟った顔で頷いた。

「一人でも生き残れば、勝ちだ。制限時間まで守り抜くぞ」

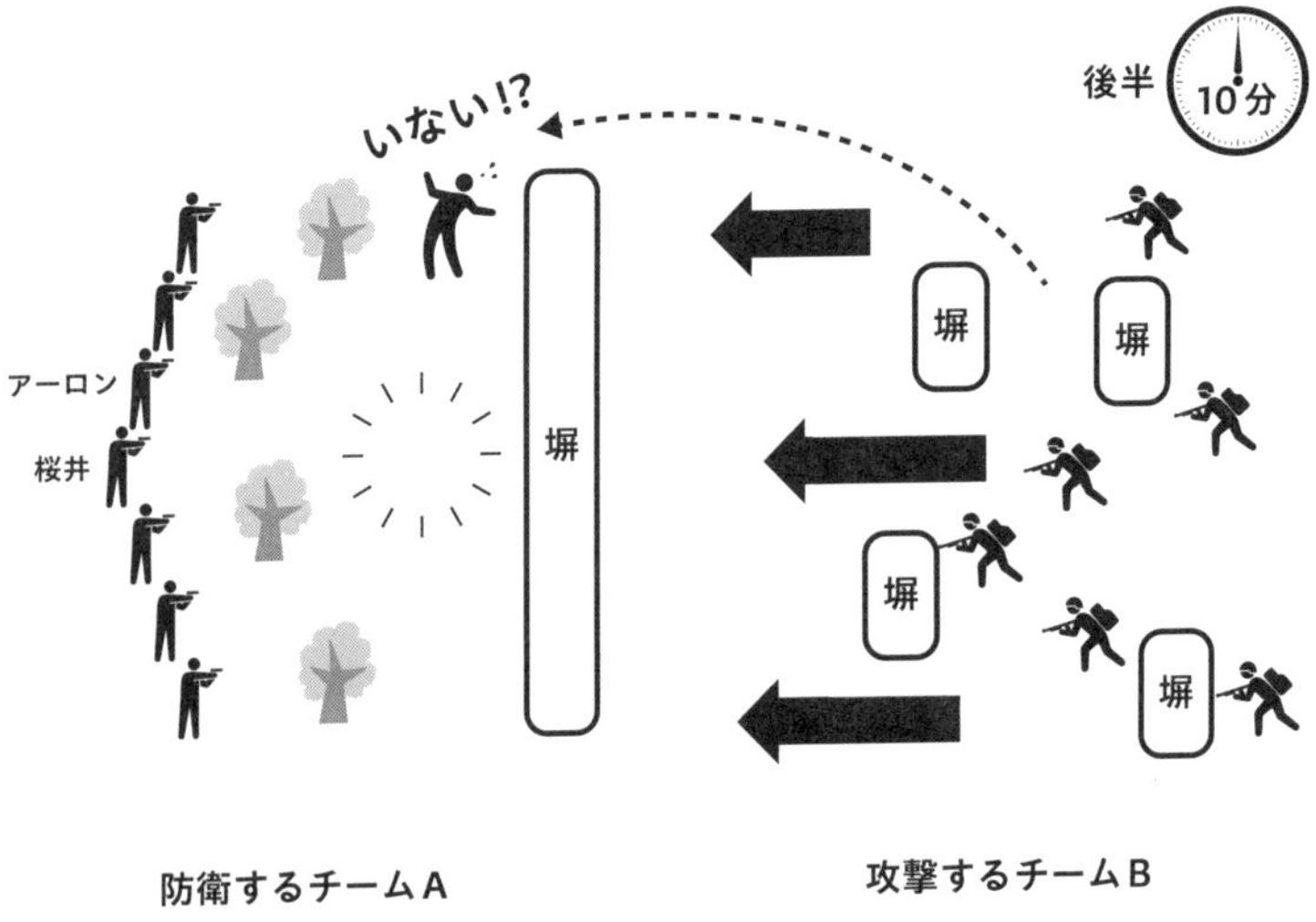

開始の合図と共にチームBは攻め込んできた。しかし、拠点に侵入したのはいいが、そこにチームAの姿はなかった。

我々は生い茂る木々の間から銃口を光らせ、現れる敵に向かって打ち込んだ。制限時間まで八分、六分、四分と過ぎ、残り一分になり、試合は終了した。結果、チームAの犠牲者はゼロ。完璧なカタチで勝利した。


この出来事のように、上司と部下の間での業務命令（任務）は、常に「リーダーシップ契約」である。命令の合理性を話し合い、それを達成するための時間と資源をお互いが納得することが、任務を成功に導くことができる。そのレベルになれば、意図しなくともOODAは自ずと高速に回り出す。

それと同時に起こる効果として、

①部下は上司に、自分の失敗を素直に報告できる。
②上司は部下に、理不尽な命令を下すことがなくなる。
（部下の許容範囲がわかっているから）

上司と部下の「リーダーシップ契約」は、世界で一番有名なスパイ映画「００７」でのジェームズ・ボンドとＭ《エム》がそうであるように、高い相互信頼によって生まれる。

「軍事戦略」と「クリエイティビティ」に共通するもの

四つ目の「方向性」の前に、少し「正策」と「奇策」について話しておきたい。

優れた戦略は、正策と奇策の同時進行によって生まれることは前のほうで話したが、もし奇策による機動戦が非常に効果的だとすれば、正策はいらないのではないか。

しかしながら、奇策という機動戦＝ゲリラ戦が成功した事例は、ここ二百年間の戦争の歴史を見てもそう多くはない。

真珠湾攻撃は成功したように見えるが、実際にはアメリカ軍の軍事拠点を破壊するに至らず、その後のミッドウェー海戦で日本は大敗した。

どんなに準備された奇策であっても、敵がそれを事前に見抜いてしまえば、それはもはや奇策ではなく、ただの正策に過ぎない。真珠湾攻撃の前に吉川少尉の諜報活動をＦＢＩが見抜いた時点で、日本軍の勝利は幻となった。

この正策と奇策の双方の重要性は孫子も論じている。

可使必受敵而無敗者、奇正是也

「必ず敵を受けて敗無からしむ可きは、奇正是なり」

必ず敵を迎え受け、決して負けることのない態勢にすることができるのは、奇策と正策によってである。

これをビジネスでたとえると、「商品がなければ、広告コピーは意味をなさない」と同じで、正策が「商品やサービス」だとしたら、奇策は「クリエイティビティ」そのものだ。

私は事業開発プロデューサーの前に、クリエイティブ領域の人間だ。今でもクリエイターの側面を持ち続けているのは、ビジネスでの「クリエイティビティ」こそが、軍事戦略における「奇策」に通ずるものがあるからだ。

クリエイティブが生み出す「奇策」というワクワク感は、昔から健在だった。「その手があったか！」と思う広告コピーやキャンペーン企画は、クリエイティブという「奇策」そのものだ。

さらに「奇策」は、クリエイティブ領域だけに留まらず、シャーロック・ホームズや古畑任三郎のようなミステリーに登場する名探偵でさえ、常にそれを探し続けていた。

「古畑任三郎（第二シリーズ）」の最終話、「ニューヨークでの出来事」の中で、主人公の古畑警部補は次のように言っている。

「あなた、ご主人に鯛《たい》焼きを渡しましたね？」

「一度でも鯛焼きを食べたことがある人ならば、頭のほうにより餡子《あんこ》が詰まっていることは常識です」

「えー、レディーファーストの国ならばですねー、百パーセントの確率で頭のほうを奥さんに渡すはずです」

「そう、あなた、いや、彼女はですねー、えー、鯛焼きのしっぽの部分にだけ毒を仕込んだんです」

「魚の格好をしたお菓子があるなんて、アメリカの刑事さんは知りませんからねー」

「胃の中に入ったら、成分は今川焼と一緒ですからね」

軍事戦略での「奇策」は軍事のみならず、ミステリーやビジネスにも当てはまる。

ターゲットが想定できない弱みにつけ込み、「不確実性」や「混乱」、さらには「無秩序」を生み出すことで、「これをされたら、もう降参するしかない」「その手があったか！」と思わせることだ。

「正策」での「Everything is all right.（すべてが順調だ）」と「奇策」での「It is so cool!（クールだ！）」の組み合わせによって、「正面」と「焦点」を設定していく。

　軍事では敵を降参に導き、ミステリーなら犯人を追い詰め、ビジネスであれば消費を促すことが「究極の目的」だが、三つの領域での「行動」と「関係性」は異なる。軍事では「攻撃」をおこなうことによって「敵対」関係になり、ミステリーでは「捜査」による「裏づけ」が容疑者を追い詰める。

　そして、三つの中でまったく違うのがビジネスだ。**ビジネスだけが敵ではなく、顧客というターゲットに対する「訴求」による「信頼」関係の構築がメインだ。**

　競合他社を潰すという考え方もなくはないが、ビジネスは「利益の追求」であって、競合他社を潰したからと言って、それが利益に直結するわけではない。ビジネスで向き合うのは、あくまでも「顧客」であり、その間で築かれる「信頼」であることを忘れてはならない。

【奇策での究極の目的】

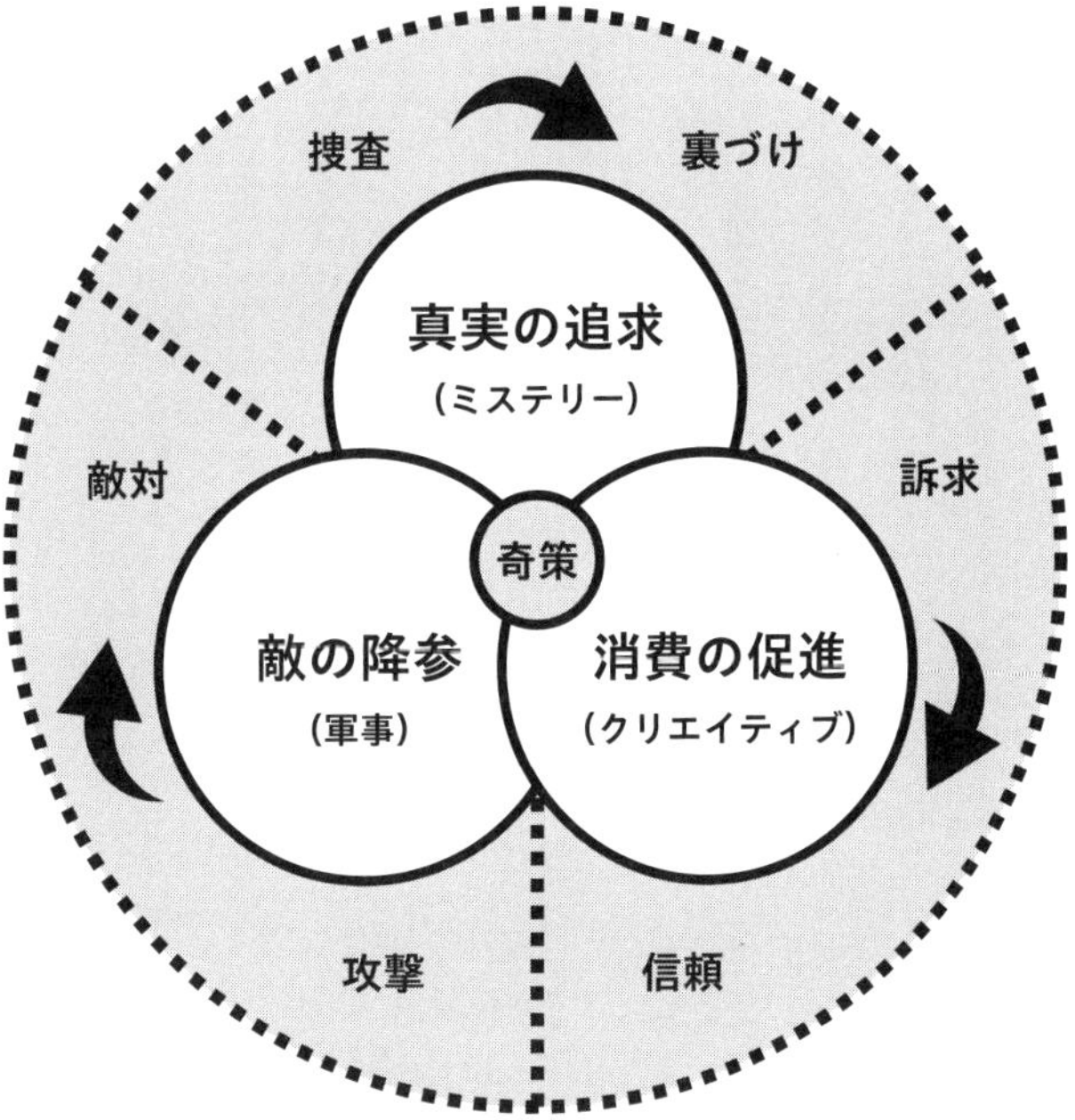

「奇策」というクリエイティビティで経営を拡張する

さて、いよいよ最後の「方向性」に入ろう。

ミッション・コマンドでのポイントは、「ビジョン」と「バリュー」を明確にするということを、最初のほうで話した。これは組織文化における「方向性」と同じだ。

しかし、せっかく企業単位またはプロジェクト単位でこれを設定しても、企画から商品またはサービスの細部に至るまで、この「方向性」を浸透させることができないことが多い。ビジョンやバリューだけは一丁前だが、創り出す商品やサービスが自己満足になってしまい、結果的にプロジェクトが失敗してしまう。

ミステリーだと「名探偵コナン」で、毛利小五郎が見当違いの推理で犯人を逃し、軍事であれば、過度な精神論にこだわってしまい敗戦することと同じだ。

ビジネスに特化して言えば、**リーダーとは「価値観の旗を立てる」のが最大の仕事**だ。

ビジョンもバリューも価値観を立てるために存在する。

そして、その価値観に向かわせるためにあるのが「方向性」だ。

私がディレクションをした仕事の中に、「Room Tailor（ルーム・テーラー）」というプロジェクトがある。

六十年以上続くライフライン設備の設計・施工を請け負う関西の設備会社の経営者から、「工事をもっと身近なものにしたいので、何か新しい事業ができないか」という相談を受けた。

「衣」「食」「住」の中で、「衣」と「食」のハードルは高くない。好きなファッションを楽しんだり、おいしいお店で食事をしたり、気軽に体験できる。

だが「住」は、そう簡単にはいかない。「ペットを飼い始めたから、床の材質を変えたい」や「リモートワークでデスクを置いたから、コンセントの接続する場所を増やしたい」に関することは、簡単ではないはずだ。というか、そもそもどこに頼めばいいかわからない人が多い。

たとえば、ネット検索して、リフォーム工事関係の見積もりを依頼するのはハードルが高い。だからと言って、わざわざ地域の工務店に行く気にもなれない。ＤＩＹが好きな人なら、ホームセンターで買い揃えるかもしれないが、みんながみんなそうではない。

建築家や設計者は「これがいい！」と考えた上で、マンションなどの住空間を作っているが、本来はそれを借りたり買ったりする顧客のライフスタイルから理想の空間は生まれるわけで、住んでいる本人が空間を柔軟に変化させていくべきなのだ。

建物という空間の中で生きている時間はとても長いのに、その空間をよくするハードルが高いのは本当にもったいない。

私たちは顧客のそういう課題に、「奇策」という焦点を当てることにした。

なぜ今クリエイティビティが求められているのか

そこで私は、部署の中から二名を選抜し、このプロジェクトに取りかかった。**ここで注意しなければならないのが、人数は二から三名以内にすることだ。**結果的に、創設メンバー三名と私を入れて四名でプロジェクトを回すことになった。

前のほうで話した「サボタージュ・マニュアル」を思い出すとわかるが、人数は少ないに越したことはない。なぜなら人数が増えれば、その分のコミュニケーション・コストが上がる。スケ

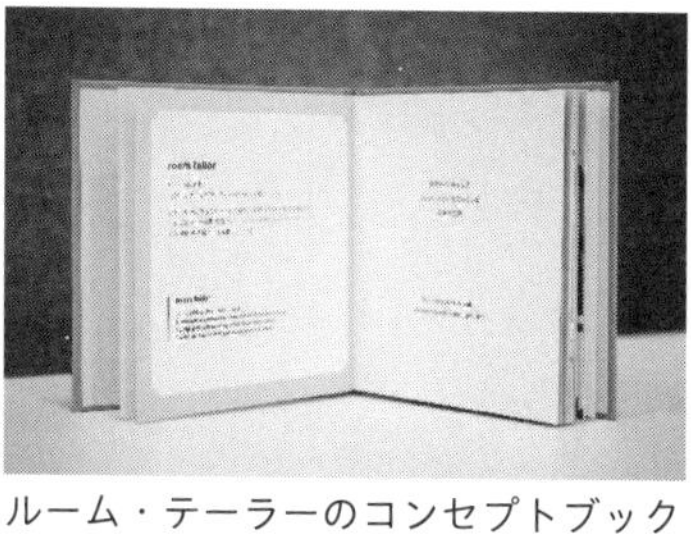

ルーム・テーラーのコンセプトブック

ジュールも合わせにくくなるし、意思決定のスピードも下がる。

さらに、このような方向性を決めるブレストは、リモートよりもリアルのほうがはかどる。少なくとも今のテクノロジーでは、リアルの会話以上に意思疎通が効率的な手段は存在しない、というのが私の見解だ。

数回のブレストを経て、我々のチームは「暮らしにテーマを」というコンセプトを設定し、顧客がプロフェッショナルのサポートを受けながら、自身のライフスタイルをデザインし、住まいや暮らしをアレンジできるサービス「Room Tailor（ルーム・テーラー）」をクライアントと一緒に創った（前ページ写真参照）。


たとえば「植物に囲まれた暮らしをしたい」のであれば、植物のレイアウトやメンテナンスなどは〝無形〟の価値であり、植物を置くための棚は〝有形〟の価値だ。さらに、美容に興味がある暮らしであれば、有形の化粧品や化粧台だけでなく、美容師からアドバイスをもらうことや、実際に美容院でセットしてもらえる無形のサービスを求める人もいる。

従来の設備会社だと、有形の領域は担うが、無形の領域は管轄《かんかつ》外だった。でもルーム・テーラーは、設備会社の強みである「工事業務」という従来の「正策」と、電通の強みである「アサイン力」という新しい「奇策」を組み合わせ、顧客が理想とするライフスタイルをサポートするサービスを始動させた。従来の伝統を守りながら、時代や世代の移り変わりと共に「クリエイティブ」という「奇策」で経営の拡張を試みた事例だ。

組織文化での「方向性」で言えば、「暮らしにテーマを持つ」という価値観を創り、そのためにはどんなサービスであるべきか、という「方向性」にチームを向かわせるのがリーダーの役割だ。

ルーム・テーラーはあくまでも一つの事例に過ぎないし、事業が継続されるにしたがって内容も大きく変わる可能性もあるが、昨今の経営で「クリエイティビティ」が求められているのは、これが経営戦略において「勝つための奇策」以外の何物でもないからだ。

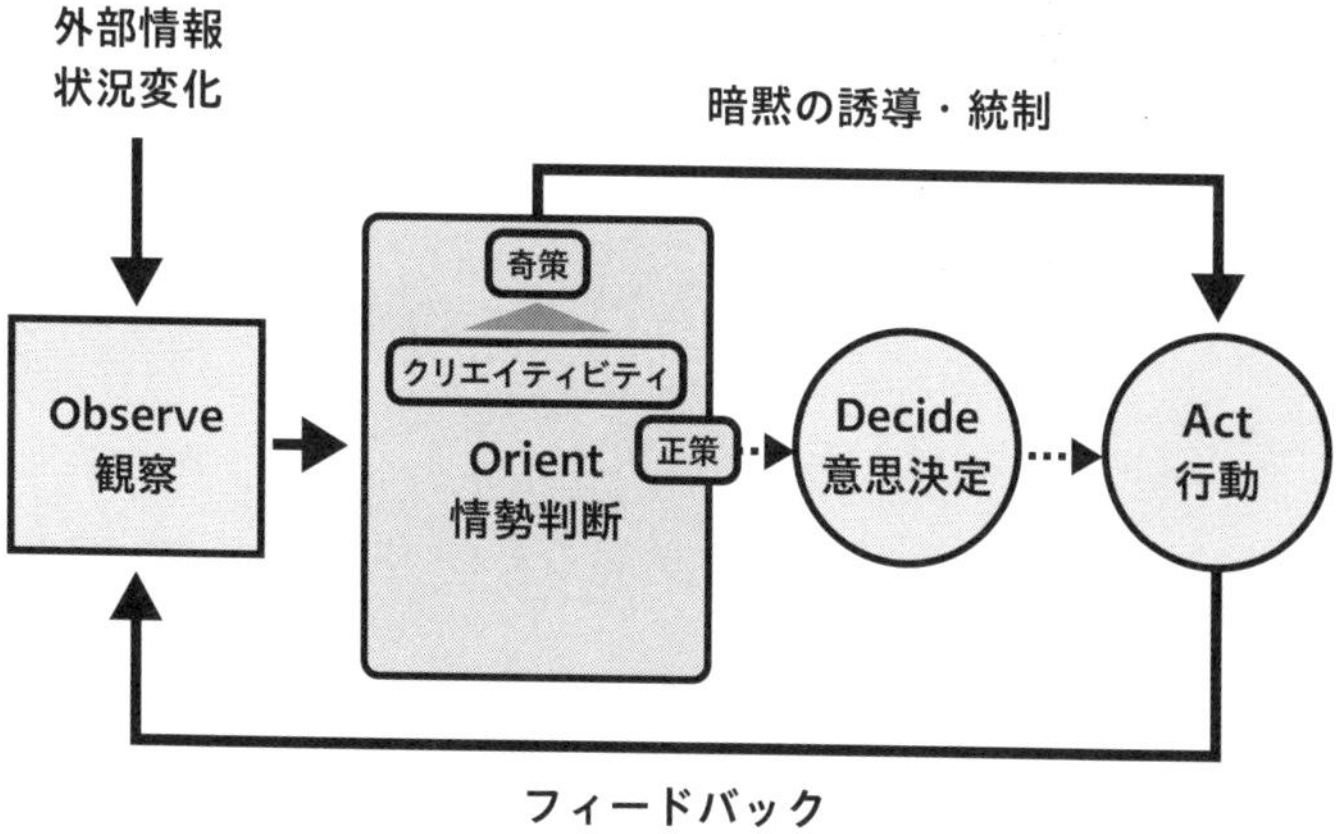

私的に言えば、**「すべての経営者（リーダー）は、奇策を生み出せるクリエイターであるべき」**だ。

なぜなら、ＯＯＤＡを高速回転させるために必要な組織文化での「方向性」は、「奇策」そのものであり、これが暗黙的な「決定（Decide）」での「暗黙の誘導と統制」にダイレクトに繋がるからだ。

第四章

日本でOODAを活かすための変革とは

イシュー・セリング（Issue Selling）という変革ツール

ＯＯＤＡを活かすための話をずっとしてきたが、日本のように未だ年功序列の概念があり、人材の流動性が欧米のように活発ではない場合、どうすればいいのか。私の後輩「桜井」のような人材を潰さないためには、誰がどのような変革をおこなえばいいのか。

その答えはミドル層にある。社外向けのビジネス戦略そのものの前に、社内での課題の洗い出しや人材育成に注力する必要がある。

「両利きの経営」の箇所で、私は「気前がよく、面倒見がいいおじさん社員」と「世の中に敏感でスピード感がある若手社員」のチームワークが重要だと言ったが、この若手社員を活かせるかどうかは、すべてミドル層にかかっていると言っても過言ではない。

特に、日本のような変化が激しい社会において、ミドル層の経験の価値は小さくなりつつある。**それよりも社内政治の面で、若手をバックアップするほうが重要であり、その動き次第で企業そのものの存続にも関わる大きな要因にもなりえる。**

県官不如現管
「管轄トップの大臣も現役の管理職には及ばない」
A county magistrate is better off being in charge.

これは中国の俗語で、実際の責任担当者の言うことに最も権威があるという意味だ。企業での社長や役員は、確かに権限を持っているが、現実問題として、現場の責任者、つまりミドル層が一番案件を左右させる権限を持っている。

日ごろミドル層のところには、様々な情報や関係者との交流があり、新しいプロダクトやサービス、さらには改善アイデアなどが集まってくる。しかし、経営層がそれを重要視しない限り、改善はされない。

要するに、経営層は「課題を解決するための経営判断」はおこなうが、実際に「何が課題なのかを判断する」のは、ミドル層の仕事なのだ。

この「問題を課題として経営層に認識してもらうためのプロセス（提案、根回し、協力者探しなど）」を「イシュー・セリング（Issue Selling）」と呼ぶ。ミシガン大学のジェーン・ダットン氏とスーザン・アシュフォード氏が提唱した概念で、イシュー（Issue）＝「解決するべき課題」を、経営層にセリング（Selling）＝「売り込む」手段のことだ。

ミドル層が経営層に対して、自身が重要だと考える事案を受け入れてもらう試みは、今の日本でOODAを高速に回すために避けては通れない。

イシュー・セリングの概念はマネジメント的な要素が強いが、日本の民間企業ではリーダーシップよりも、マネジメントがチームに直接影響することが多い。前のほうで話したが、リーダーに対する考えが欧米と違うので、力強くてカッコいいヒーローよりも、的確に根回しや調整ができるリーダー兼マネージャーのほうが、組織文化との相性はいい。

実際、フランスの名門経営大学院INSEADのエリン・メイヤー教授によれば、日本企業での意思決定は、「ヒエラルキー重視」と「合議型」に分類されている。リーダーに対する考え方と同じように、「平等主義」と「トップダウン型」がメインの北米とは大きく異なっている。日本が、いかに諸外国と比べて特徴的かがわかるだろう。**つまり、OODAを高速回転させるためには、日本企業に適した方法が必要になってくる。**

また、日本は厄介なことに、ヒエラルキー重視だけに留まらず、合議型でもあるため、サボタージュ・マニュアルのような状況におちいりやすいとも言える。OODAの売りであるスピード感が極端に活かしにくいため、両利きの経営で登場する「気前がよく、面倒見がいいおじさん社員」の能力がもの凄く問われる企業文化でもあるのだ。

【意思決定と権威に対する考えの違い】

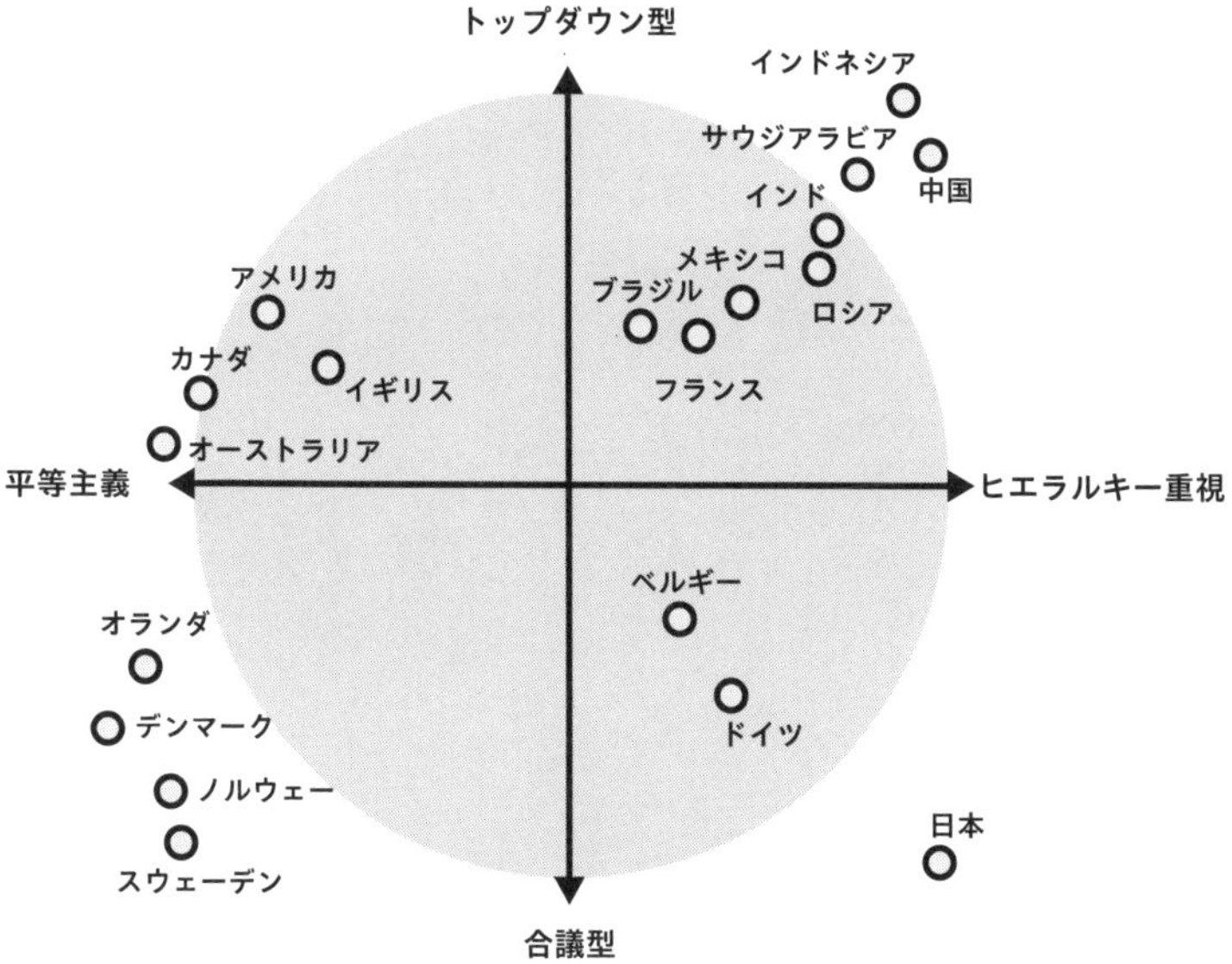

『ミドルからの変革』(プレジデント社)より著者が作成

【トップと社風の特徴編】OODA式イシュー・セリングを回す前準備

イシュー・セリングのステップとして、「①前準備」「②パッケージング活動」「③巻き込み活動」「④セリング活動」の四つに大きく分類される。そして、第二次パラダイムシフトの到来によってビジネスが小規模分散化していく中、OODAを高速に回す上で欠かせないことは、不必要なものを省き、なるべく事業開発の動きをすることだ。

本来のイシュー・セリングは、安定している既存事業でも活用できるため、ステップの細部まで緻密に創られている。しかし、これを忠実にやってしまうと、従来のPDCAとの差がなくなるため、ここではOODAに適用した運用を説明していく。

では、早速イシュー・セリングでのステップの概要を見ていこう。OODAを高速に回すための考えとして、イシュー・セリングでの基礎的な概念を、早稲田大学大学院の長谷川博和教授らの著書『ミドルからの変革』(共著、プレジデント社)で登場するものをアレンジして説明していくが、話の中身は部分的に改良している。イシュー・セリングそのものではなく、OODAに適したオリジナルの概念として捉えてほしい。

【変革ステップ】

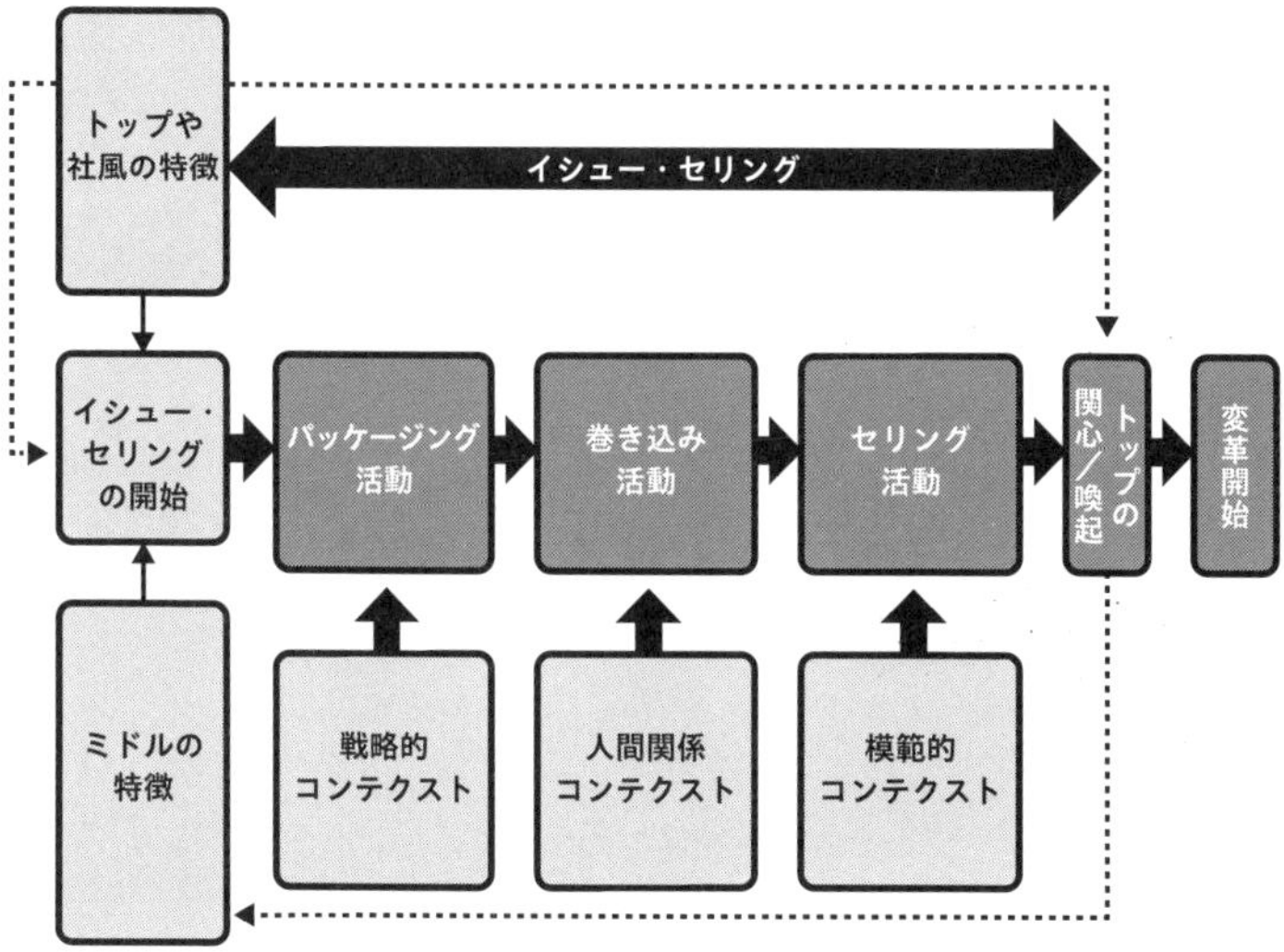

『ミドルからの変革』（プレジデント社）より著者が作成

私が本書でも言っている「中間管理職」を、ここでは「ミドル」という言葉で表現している。図でも示しているように、イシュー・セリングの概念は、三つの活動ステップを三つのコンテクストの把握から、問題や課題を発見して経営層に提示していく。

ここでは、その前準備として「トップと社風の特徴」と「ミドル層の特徴」を、事前に把握しなければならない。なぜなら、ＯＯＤＡでの最初のプロセスは「観察（Observe）」で始まるからだ。

「トップと社風の特徴」として把握しておきたいのが、次の四つだ。

把握しておきたいトップと社風の特徴

・ボトムアップへの期待
・トップの変革意欲
・社内の変革気運
・直近の変革実績

まずは「ボトムアップへの期待」だが、これは経営層が口で言っているだけなのか、それとも本当に期待しているのかを見極める必要がある。

もし前者なら、その道のりは険しい。いいアイデアを考え、仲間を募っても、その事業が収益化しない限り、あなたの立ち位置は「革命軍」以外の何者でもない。

さらに、担当メンバーのモチベーションは、リーダーが維持しなければならない。経営陣からの励ましの言葉もなければ、事業への追い風も期待してはならない。

以前、大手電機メーカーの事業本部との対談話があった際、私の対談相手はそのテーマの担当責任者だと思い、話を進めていたら、先方から「対談相手は弊社の本部長です。通常は部門の長が出るのが通例です」と言われたことがある。その事業本部には千人以上もの社員が所属しており、本部長はそのトップだ。

正直に言って、その本部長が対談テーマの事業をどこまで認識しているかも不明だった。その上、現場で汗水を垂らして事業化まで持っていった担当責任者をねぎらうべき場面にもかかわらず、形式的に本部長を対談に出す意味がどこにあるのか。

その事業を収益化するまでの長い道のりは、とてつもないパッションがなければ実現できない。対談内容の厚みは、そこから生まれる。それなのに、事業が成功したからと言って、部下の栄誉を上司が「私が指示しました」的な形で根こそぎ取るような組織文化には、違和感しかなかった。

おそらく、何かを深く考えているわけではなく、名誉はすべて部門の長に渡すのが無難だからなのだろうが、私はその対談を丁重にお断りした。

対談をする意味は何なのか。その事業の詳細や実現までのパッションを世間に伝えたり、担当責任者やそのチームメンバーのモチベーションをさらに上げたり、発信することによる企業内外への効果はいろいろある。その結果、メンバーのモチベーションも上がり、ボトムアップにも活気が出る。

このように、経営層がボトムアップをどこまで期待しているかの度合いは、細部を見ればわかる。そのボトムアップへの期待が本当なのか、じっくり観察しておくべきだろう。

企業文化は過去の成功体験によって築かれる

「トップの変革意識」と「社内の変革気運」は、簡単には変えられない。一見、意識改革はできそうに思えるが、多くの企業はそれができていない。「変えたい、変えたい」と言いつつも、結局は変えられない。それが現実だ。

なぜなら、企業文化の多くは、過去の成功体験に頼っている部分が強い。昔なら、それはそれで間違ってはいなかった。市場が安定的で変化があまりない時代では、一つの成功体験は後世に語れるほど長く続いていたからだ。

だが、昨今はもちろん違う。トップと社内の変革意識が薄いと、まずはそこから着手しなければならない。言うまでもなく、かなり時間を要する上に一筋縄ではいかない。

そんなことをするよりも、転職したほうがいいと言う人もいるだろう。最悪の場合、そういうことになるのも仕方がない。それで廃れていく企業なら、それまでの話だ。あくまでもイシュー・セリングを回すべきかの前準備として把握しておこう。

「直近の変革実績」があると鬼に金棒だ。

その企業に変革の意識があり、実際におこなわれていたというのだから、経営層へのアプローチをする上では欠かせない要素になる。

ただし、**気をつけてほしいのは、その実績が新しい成功体験になるため、あなたがやろうとしている施策と過去の変革実績に大きな乖離《かいり》がある場合、経営層への説得に苦労する**かもしれない。

なぜなら、企業文化は過去の成功体験によって構築されるため、経営層にそれなりの理解がないと実行に移すのは難しくなる。

ここであげた四つの要素を「前準備」として捉え、細かく「観察（Observe）」することで、これからおこなおうとしている変革の難易度を計る指標となればいい。

【ミドルの特徴編】OODA式イシュー・セリングを回す前準備

次に「ミドルの特徴」についてだ。ここでの「ミドル」とは、あなた自身の変革をサポートする「気前がよく、面倒見がいいおじさん社員」かもしれないし、後輩の変革をサポートする「あなた自身」かもしれない。

動きがよく、時代に敏感な若手社員が取ってきたアイデアや情報などを整理し、そこから自社の問題を課題として精査することも、リーダーやマネージャーの仕事だ。

それらを実行するにあたって、当事者であるミドル層に「モチベーション」や「実行するための影響力」がないと話にならない。**要は「根回しをする力」だ。**特に「ヒエラルキー重視」の国では欠かせない能力だろう。

ミドルの特徴としては次の六つがあり、それを二つのタイプに分類できる。

【ミドル自身のモチベーション】

・変革への情熱

・推進力や影響力への自信
・実現プランへの自信

【ミドル自身のバリュー】
・トップの許容力への期待
・ポジションパワーの有無
・トップとの距離感

前の三つと後の三つで、それぞれ「ミドル自身のモチベーション」と「ミドル自身のバリュー」に分類することができる。

もし、あなた自身がミドルの立ち位置ならば、それくらいのモチベーションと実行力があるかを事前に整理し、足りない部分があれば、それを補う対策を取る必要も必要になるだろう。逆に、あなたが若手社員で自身の上司がミドルならば、そのミドルに変革を起こせる力があるかを、しっかり「観察（Observe）」してみよう。

忘れてならないのはスピード感だ。イシュー・セリングに気を取られすぎて、ＯＯＤＡそのものを軽視してしまっては本末転倒になるので注意が必要だ。

[イシュー・セリングでの「観察(Observe)」]

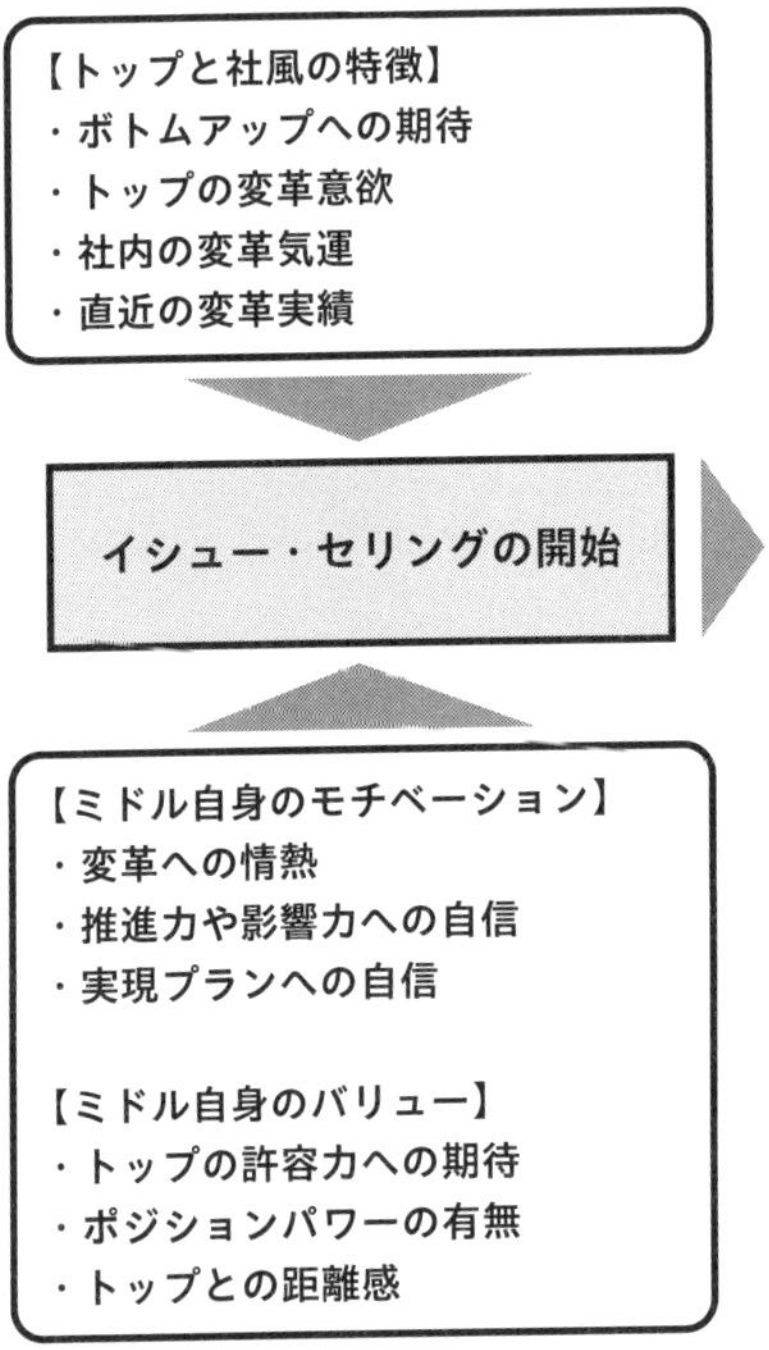

ＯＯＤＡ式イシュー・セリングでの「パッケージング活動」

「トップや社風の特徴」や「ミドルの特徴」が変革に値するものだと判断したら、次は「パッケージング活動」に取りかかる。ここでは本格的に情報などを集め、組織に合ったオリジナルのパッケージにしていく必要がある。これを整理することで、全体の「判断（Orient）」をすることになる。注意しなければならないのが、不確実性が高い「新規事業」（事業開発など）と、安定的な「既存事業」（ブランド・エクステンションなど）ではまったく異なるため、パッケージング活動の内容も違ってくることだ。

【新規事業での「パッケージング活動」】

・非財務的な部分と変革テーマの結びつけ
・ほかの経営課題と変革テーマの結びつけ
・変革によるビジネスインパクトの明確化
・プレゼン内容をロジカルに構成する

【既存事業での「パッケージング活動」】
・念入りな情報収集
・財務的な部分と変革テーマの結びつけ
・非財務的な部分と変革テーマの結びつけ
・ほかの経営課題と変革テーマの結びつけ
・変革によるビジネスインパクトの明確化
・プレゼン内容をロジカルに構成する

新規事業と既存事業でのパッケージング活動を比較すると、新規事業では「念入りな情報収集」と「財務的な部分と変革テーマの結びつけ」がない。

「新規でも財務的な部分との結びつけは必須だ」という意見もあるが、私はあまり賛同しない。なぜなら、ウーバーやエアビーアンドビーのように「一見、狂っているように見えるいいアイデア」を事業化するとき、未知の領域での情報はタイムマシンで未来に行かない限りないわけで、既存の情報収集は無駄な場合が大いにある。ただ日本企業では、あまり関係ない財務的な部分と無理やり結びつけて、社内での仲間を増やす戦略もある。

だが、正直に言うと、そういう無駄なことに時間を費やしているから、大企業からイノベーションが生まれないのだ。そこは状況次第ではないだろうか。

日本企業が「合議型」と「ヒエラルキー重視」の集まりであることは理解しつつも、そういう部分は最小限に留めたいのが本音だ。**そもそも財務的な部分と、これから挑戦するアイデアの結びつけ自体が非常に難しい。**最初は先行投資として事業を構築し、そこから収益化するのが一般的なので、机上の空論よりもまずはやってみることが重要になる。

「計画好きな日本人」が「スピード感のある外資」に負ける理由

また、パッケージング活動をおこなうための「戦略的要素の把握」も必要になるが、これも新規事業と既存事業では必要な要素が異なってくる。

【新規事業での「戦略的要素の把握」】
・ゴールは何か
・ゴールを達成するプランは何か
・課題解決によるほかの好影響は何か

【既存事業での「戦略的要素の把握」】

・ゴールは何か
・ゴールを達成するプランは何か
・トップマネジメントの最重要戦略課題は何か
・競合的要素は何か
・課題解決によるほかの好影響は何か
・課題解決による長期的な影響は何か
・社内外のどこに重要な情報があるか

ここでもわかるように、新規事業での「戦略的要素の把握」はそこまで多くない。**要は「とりあえずやってみる」的な要素が強いので、あまり考えすぎても意味がないということだ。**

計画好きな日本人には、かなりいい加減なようにも聞こえるかもしれないが、そういう意気込みでやってきた外資に、次々と市場を奪われている現状を考えると、あながち間違っているとは言いにくい。日本の陸上自衛隊の特徴を表す四字熟語に「用意周到、動脈硬化」があるが、伝統的な日本企業の課題を如実に表している言葉だろう。それはすなわ

［イシュー・セリングでの「判断(Orient)」］

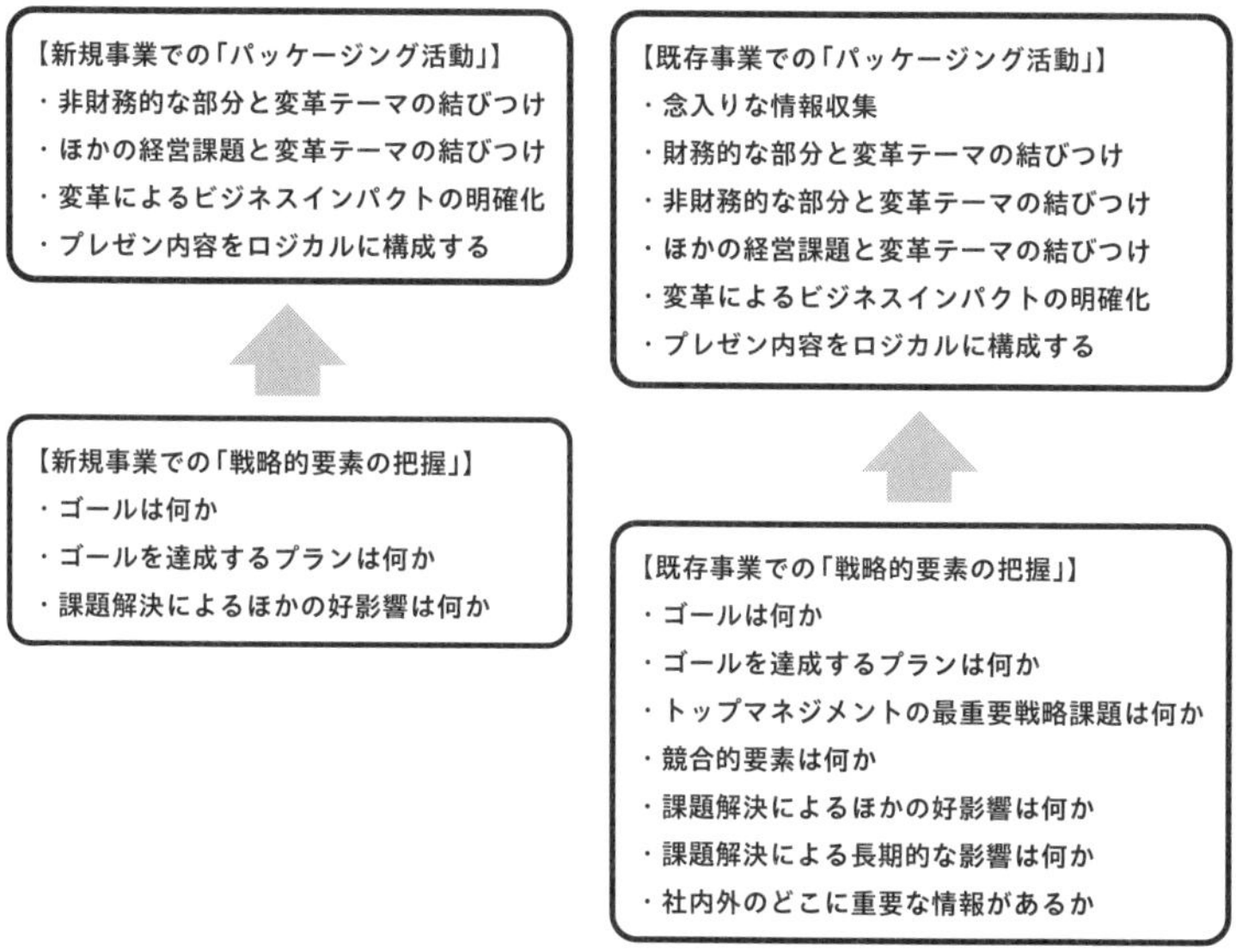
【新規事業での「パッケージング活動」】
・非財務的な部分と変革テーマの結びつけ
・ほかの経営課題と変革テーマの結びつけ
・変革によるビジネスインパクトの明確化
・プレゼン内容をロジカルに構成する
【新規事業での「戦略的要素の把握」】
・ゴールは何か
・ゴールを達成するプランは何か
・課題解決によるほかの好影響は何か
【既存事業での「パッケージング活動」】
・念入りな情報収集
・財務的な部分と変革テーマの結びつけ
・非財務的な部分と変革テーマの結びつけ
・ほかの経営課題と変革テーマの結びつけ
・変革によるビジネスインパクトの明確化
・プレゼン内容をロジカルに構成する
【既存事業での「戦略的要素の把握」】
・ゴールは何か
・ゴールを達成するプランは何か
・トップマネジメントの最重要戦略課題は何か
・競合的要素は何か
・課題解決によるほかの好影響は何か
・課題解決による長期的な影響は何か
・社内外のどこに重要な情報があるか

ち、スピード感を重視するOODAをうまく回せないことと一致するかもしれない。

OODA式イシュー・セリングでの「巻き込み活動」

次に各プレーヤーを巻き込んでいく「巻き込み活動」に入っていく。この活動は、OODAでの「決定（Decide）」に値する。理想としては暗黙的に進めていくべきで、当事者であるミドルの人間関係が問われる。プレーヤーは次の五つに分類できる。

- 上層部（経営層などの意思決定権者）
- 組織内（組織内で味方してくれる勢力）
- 組織外（組織外で味方してくれる勢力）
- 反対勢力（変革を妨げる勢力）
- 独自リソース（組織内外問わず、自分のキャリアで築き上げた独自の勢力）

各プレーヤーの課題意識や立場、さらにはメリットなども考えた上で協力を仰がなくてはならない。あなた自身のメリットにある「My Story」だけでなく、相手のメリットでもある「Your Story」も、しっかり準備した上で巻き込んでほしい。

巻き込みの要素としては、次の五つの策を講じる必要がある。

【変革での「巻き込み活動」】

・上層部を巻き込む
・組織内の味方を増やす
・組織外の味方を用意する
・反対勢力のキーマンへの事前準備
・あらゆる分野から仲間になる勢力の準備

この「巻き込み活動」での「人脈的要素の把握」においては、不確実性が高い「新規事業」と、安定的な「既存事業」で考える要素にそこまでの違いはない。なぜなら**「パッケージング活動」と違って「巻き込み活動」で重要なのは人間関係**だからだ。

どこの国でも、何かの変革を起こす場合、そこでの味方や反対勢力の根本的な関係性は似たり寄ったりということだ。

【巻き込み活動での「人脈的要素の把握」】

・課題に感心がある人物は誰か
・変革に味方または反対する人物は誰か
・変革の権限を持っているのは誰か
・変革によって誰が影響されるか
・上層部は誰の意見に耳を傾けるか
・組織内外で誰を巻き込むと効果的か
・巻き込む相手のメリットとリスクは何か
・巻き込む相手と変革の関連性は何か
・巻き込む相手をどう誘ったら効果的か
・キーマンの人事異動などのリスクはあるか
・変革による社会的意義は伝わっているか

この「巻き込み活動」は、安定的であればあるほどいい。リーダーやマネージャー、つまり、ミドルの人間関係がしっかりしているなら、そこまで時間を要するものではない。

[イシュー・セリングでの「決定(Decide)」]

【変革での「巻き込み活動」】
- 上層部を巻き込む
- 組織内の味方を増やす
- 組織外の味方を用意する
- 反対勢力のキーマンへの事前準備
- あらゆる分野から仲間になる勢力の準備

↑

【巻き込み活動での「人脈的要素の把握」】
- 課題に関心がある人物は誰か
- 変革に味方または反対する人物は誰か
- 変革の権限を持っているのは誰か
- 変革によって誰が影響されるか
- 上層部は誰の意見に耳を傾けるか
- 組織内外で誰を巻き込むと効果的か
- 巻き込む相手のメリットとリスクは何か
- 巻き込む相手と変革の関連性は何か
- 巻き込む相手をどう誘ったら効果的か
- キーマンの人事異動などリスクはあるか
- 変革による社会的意義は伝わっているか

逆に人望がイマイチなミドルは、ここでかなり苦労する。特に意思決定プロセスが「合議型」に偏っている日本では、ミドルの真価が問われるフェーズになる。

そういう観点では、日本は「ヒエラルキー重視」の社会でもあるため、トップを抑えることができれば、いささかスムーズに進められるかもしれない。

OODA式イシュー・セリングでの「セリング活動」

いよいよ最後の「セリング活動」に入る。OODAにおける最後のプロセス「行動（Act）」になるが、ここでも「セリング活動」と「規範的要素の把握」の内容は、新規事業と既存事業でそこまで変わらない。トップへの訴求段階に来れば新規だろうと既存だろうと、「何か新しいことをやる」という変革活動そのものに変わりはない。

では早速、見ていこう。

【変革での「セリング活動」】

・トップ層への提案のタイミング

・多段的に変革を何度も訴えかける
・組織内のビジョンやミッションに沿った提案
・変革を公式的な活動にする

そして、訴えかけるための効果的な「規範的要素の把握」は、次のようになる。

【既存事業での「規範的要素の把握」】
・組織内でこの変革に活用できるほかの変革はないか
・トップなどの意思決定権者と話せる機会はないか
・対談記事や講演会など発信する機会はないか
・公式な活動として認知を高められないか
・意思決定権者が参考にするデータは何か
・課題への反論はどうされるか
・類似の課題が過去に提示されているか

強いて言うなら、成功する確率が高い「一見、狂っているように見えるいいアイデア」

[イシュー・セリングでの「行動(Act)」]

【変革での「セリング活動」】
・トップ層への提案のタイミング
・多段的に変革を何度も訴えかける
・組織内のビジョンやミッションに沿った提案
・変革を公式的な活動にする

↑

【既存事業での「模範的要素の把握」】
・組織内でこの変革に活用できるほかの変革はないか
・トップなどの意思決定権者と話せる機会はないか
・対談記事や講演会など発信する機会はないか
・公式な活動として認知を高められないか
・意思決定権者が参考にするデータは何か
・課題への反論はどうされるか
・類似の課題が過去に提示されているか

で参考にできるデータがない、という事実はあるが、類似したデータを参考にするなどの工夫をすればいいので、新規と既存で区別することもないだろう。

【成功の要】OODA式イシュー・セリングでの「奇策」

イシュー・セリングでの各プロセスはすべて説明したが、成功の要として「奇策」を忘れてはならない。これまで「奇策」の重要性をしつこく説明してきたが、このイシュー・セリングでも取り入れるべき要素だ。これは、従来のイシュー・セリングには存在しない要素で、OODA式イシュー・セリング独自の要素でもある。

ビジネスでの「奇策」とは、「クリエイティビティ」であり、従来の「正策」のように「判断（Orient）」から「決定（Decide）」までを順序よく進むのではない。「暗黙の誘導と統制」によって、無意識のうちに「決定（Decide）」をすっ飛ばして、「行動（Act）」に移すことでスピード感が出る。

たとえば、社員のモチベーションを上げるための「奇策」では、ただ単に表彰制度を創るのではなく、お金のような「有限の報酬」と、使命感を上げるための「無限の報酬」のバランス、さらにそれらを与えるタイミングを見極めなければならない。

また事業開発では、自宅の空室を貸し出すエアビーアンドビーや、眠っている労働力をデリバリーサービスとして活用するウーバーイーツが、それに該当する。

「その手があったか！」というクリエイティビティは、もたもたしていたらほかの大手企業に真似されてしまうため、スピード感はとてつもなく重要だ。

もちろん、「そんなバカな」と「一見、狂っているように見えるいいアイデア」であることも、「奇策」の大事な要素だ。まさか日本軍が、水深わずか十二メートルしかない真珠湾近郊に奇襲攻撃を仕掛けてくるとは、現場のアメリカ軍は予想しなかったはずだ（ルーズベルト大統領やＦＢＩなどの上層部を除いて）。


よって、ＯＯＤＡ式イシュー・セリングでも、問題の洗い出しやその早期解決は「暗黙の誘導と統制」の名の下に「判断（Orient）」から「決定（Decide）」をすっ飛ばした「行動（Act）」に移すのが理想だ。

さらに日ごろの「経験」での「一般情報」や「特殊情報」も活用できることは、前のほうでも説明した。従来の「正策」とは別のルートとして、「奇策」を遂行する上で次の内容を考えておく必要がある。

・その課題を解決するための「クリエイティブ施策」は何か。
・その施策の「ユニークネス」はどこにあるのか。
・その施策は本当にいいアイデア＝「奇策」なのか。
・その施策は本当に「正策」ではできないものなのか。

イシュー・セリングでの「奇策」の現実

「奇策」はスピード感がないと成功しないが、それなりのリスクもつきまとう。ヒットするものもあれば、見事に滑ってしまうクリエイティブ施策もある。

ただ、イシュー・セリングでの「奇策」は、あまり使われる機会が多くないのが現実だ。なぜなら、事業開発であろうが、社内課題の解決であろうが、イシュー・セリングは名前の通り、ミドルが課題を経営層に認識してもらうためのプロセスであるため、人間関係が大きく左右する。もちろん、あっと驚くような解決策（奇策）を準備することに越したことはないが、それよりも社内のパワーバランスに大きく左右される。

日本は「合議型」かつ「ヒエラルキー重視」の社会であるため、「奇策」はあくまでも伝家の宝刀として、そっと懐に備えておくくらいが妥当だ。

[イシュー・セリングでの「奇策」]

- その課題を解決するための「クリエイティブ施策」は何か
- その施策の「ユニークネス」はどこにあるか
- その施策は本当にいいアイデア=「奇策」なのか
- その施策は本当に「正策」ではできないものなのか

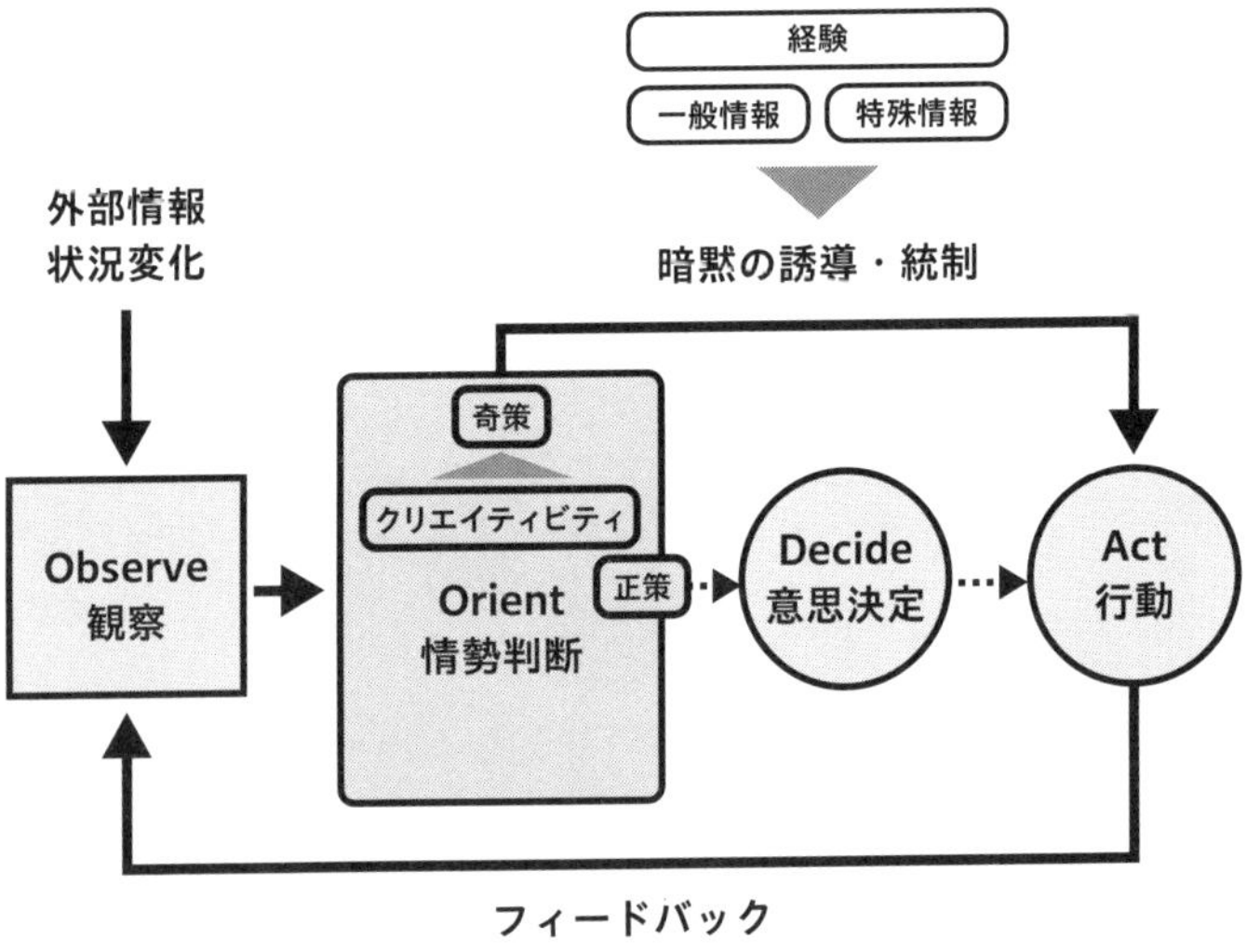

その宝刀をいつ、どのように出すか、勝負のタイミングを読むのも、リーダーやマネージャーとしての素質なのだ。

【完成版】OODA式イシュー・セリングとは

では、ここまでのイシュー・セリングの構造を、独自にOODAの意思決定プロセスに当てはめてみよう。イシュー・セリングの構造とOODAの構造が比較的に類似しており、OODAを高速に回す参考として、このイシュー・セリングを用いることで日本企業でも変革を起こし、組織を活性化に導くことができるかもしれない。

この方法は、リーダーやマネージャーのようなミドル層に限らず、若手社員が早いうちに身に着けることで、能動的に動けるリーダーやマネージャーに成長できる。

「情報を収集する能力」と「情報をコントロールする能力」は別物だが、もし社内に幹部社員候補の若手がいるのならば、早めにイシュー・セリングのノウハウを学ばせることを勧める。私がいた空軍ROTCのように、リーダーとしてのナレッジを早期に学習することで、考えや身の振る舞いも一人前に成長する。

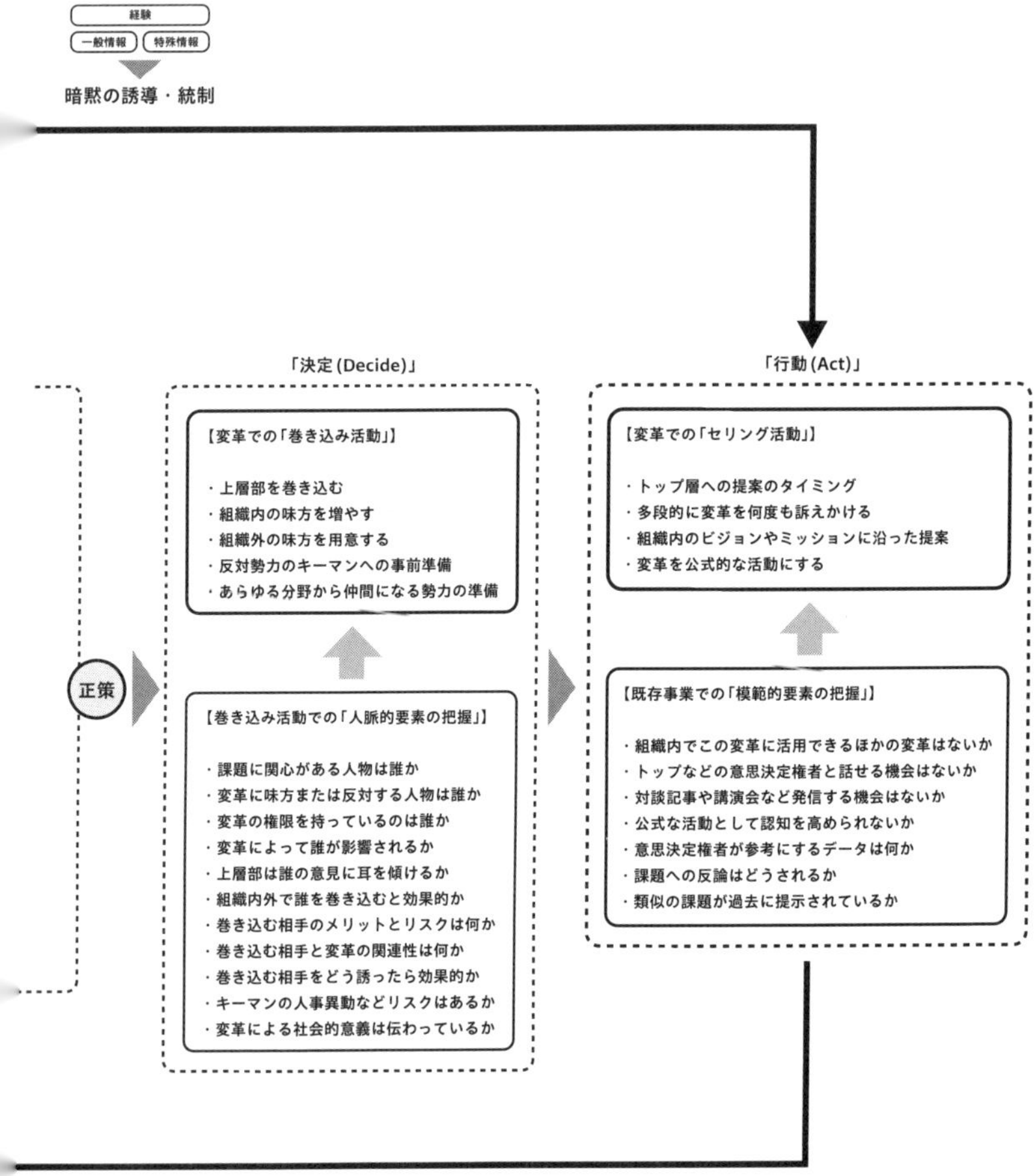
経験
一般情報
特殊情報
暗黙の誘導・統制
正策
「決定(Decide)」
【変革での「巻き込み活動」】
・上層部を巻き込む
・組織内の味方を増やす
・組織外の味方を用意する
・反対勢力のキーマンへの事前準備
・あらゆる分野から仲間になる勢力の準備
【巻き込み活動での「人脈的要素の把握」】
・課題に関心がある人物は誰か
・変革に味方または反対する人物は誰か
・変革の権限を持っているのは誰か
・変革によって誰が影響されるか
・上層部は誰の意見に耳を傾けるか
・組織内外で誰を巻き込むと効果的か
・巻き込む相手のメリットとリスクは何か
・巻き込む相手と変革の関連性は何か
・巻き込む相手をどう誘ったら効果的か
・キーマンの人事異動などリスクはあるか
・変革による社会的意義は伝わっているか
「行動(Act)」
【変革での「セリング活動」】
・トップ層への提案のタイミング
・多段的に変革を何度も訴えかける
・組織内のビジョンやミッションに沿った提案
・変革を公式的な活動にする
【既存事業での「模範的要素の把握」】
・組織内でこの変革に活用できるほかの変革はないか
・トップなどの意思決定権者と話せる機会はないか
・対談記事や講演会など発信する機会はないか
・公式な活動として認知を高められないか
・意思決定権者が参考にするデータは何か
・課題への反論はどうされるか
・類似の課題が過去に提示されているか

[OODA式イシュー・セリングの全体図]

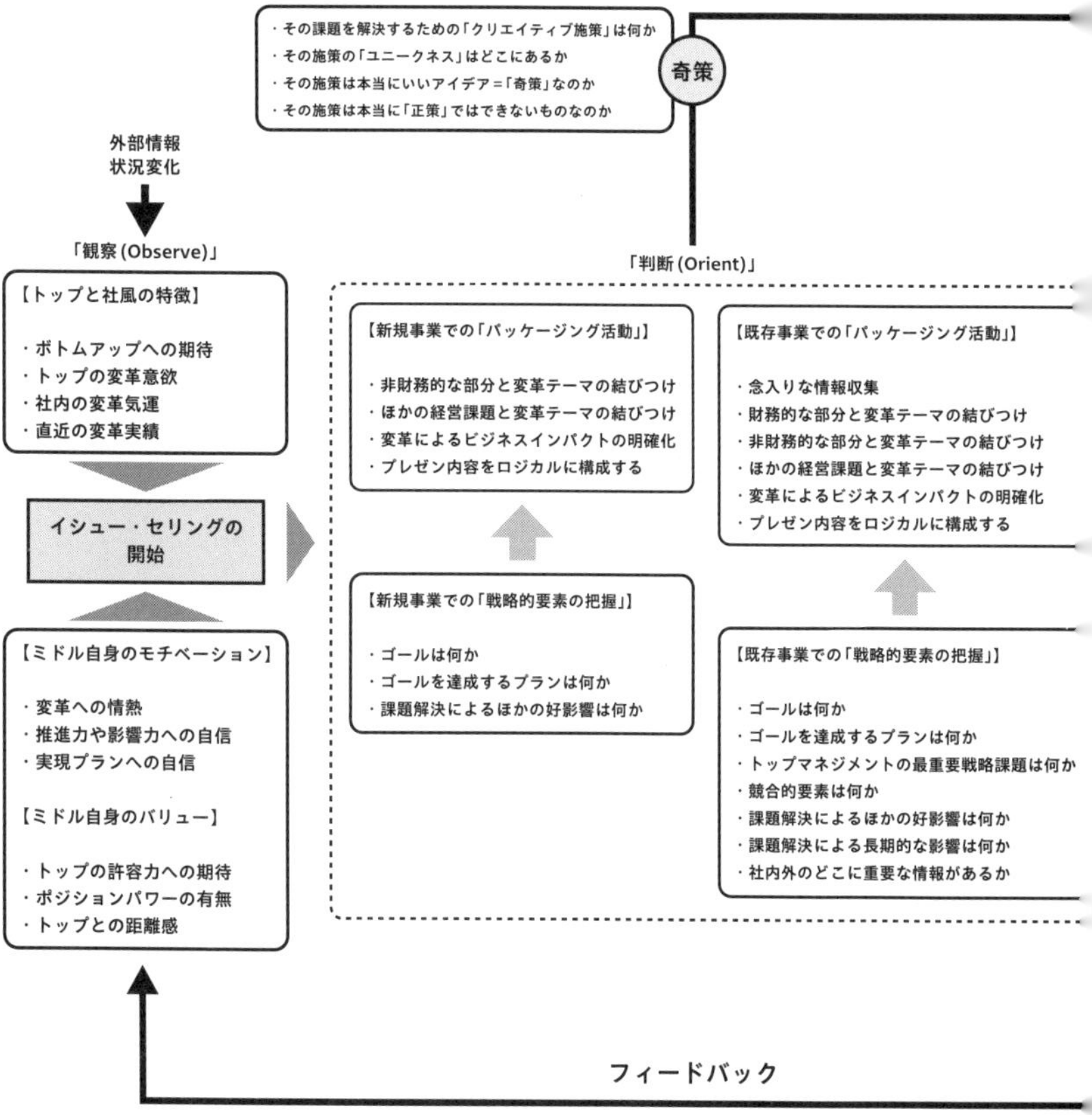
・その課題を解決するための「クリエイティブ施策」は何か
・その施策の「ユニークネス」はどこにあるか
・その施策は本当にいいアイデア＝「奇策」なのか
・その施策は本当に「正策」ではできないものなのか
奇策
外部情報
状況変化
「観察(Observe)」
【トップと社風の特徴】
・ボトムアップへの期待
・トップの変革意欲
・社内の変革気運
・直近の変革実績
イシュー・セリングの開始
【ミドル自身のモチベーション】
・変革への情熱
・推進力や影響力への自信
・実現プランへの自信
【ミドル自身のバリュー】
・トップの許容力への期待
・ポジションパワーの有無
・トップとの距離感
「判断(Orient)」
【新規事業での「パッケージング活動」】
・非財務的な部分と変革テーマの結びつけ
・ほかの経営課題と変革テーマの結びつけ
・変革によるビジネスインパクトの明確化
・プレゼン内容をロジカルに構成する
【新規事業での「戦略的要素の把握」】
・ゴールは何か
・ゴールを達成するプランは何か
・課題解決によるほかの好影響は何か
【既存事業での「パッケージング活動」】
・念入りな情報収集
・財務的な部分と変革テーマの結びつけ
・非財務的な部分と変革テーマの結びつけ
・ほかの経営課題と変革テーマの結びつけ
・変革によるビジネスインパクトの明確化
・プレゼン内容をロジカルに構成する
【既存事業での「戦略的要素の把握」】
・ゴールは何か
・ゴールを達成するプランは何か
・トップマネジメントの最重要戦略課題は何か
・競合的要素は何か
・課題解決によるほかの好影響は何か
・課題解決による長期的な影響は何か
・社内外のどこに重要な情報があるか
フィードバック

ROTCを除隊して日本企業に新卒として入社したところ、理由も説明しないで、「とにかくやれ！」的な指示をするマネージャーに違和感を持ったことは何度もある。もちろん、彼らはリーダーとは呼べないが、能力がないマネージャーほど情報を隠したがる。なぜなら、情報を隠すことだけが彼らの威厳を保つことにつながるからだ。

しかし、そのような環境では、私の後輩である「桜井」みたいな優秀な人材は成長しないし、瞬く間に会社に見切りをつけて辞めていくだろう。

日本企業こそ、早めの権限移譲が必要だ

イシュー・セリングでの「奇策」は成功の要ではあるものの、ミドル自身の人間力がそれなりにあれば、「巻き込み活動」は暗黙の誘導と統制の下で暗黙的に進むため、わざわざ何かの奇策を画策する必要がない場合が多い。

逆に、ミドル自身の人間力がそこまでないのであれば、「人脈的要素の把握」をしながら地道に交渉という「正策」しか方法がない。繰り返すが「奇策」は、あくまでも伝家の宝刀でしかないのだ。また想像するにたやすいが、アメリカと日本でのイシュー・セリングの成功要因は違う。それぞれの特徴は次の通りだ。

【アメリカでのイシュー・セリングの成功要因】

〈パッケージング活動〉

・財務的な部分と変革テーマの結びつけ

・非財務的な部分と変革テーマの結びつけ

〈巻き込み活動〉

・上層部を巻き込む

・組織内の味方を増やす

〈セリング活動〉

・多段的に変革を何度も訴えかける

【日本でのイシュー・セリングの成功要因】

〈パッケージング活動〉

・念入りな情報収集

〈巻き込み活動〉

・組織内の味方を増やす

・組織外の味方を用意する

・反対勢力のキーマンへの事前準備
〈セリング活動〉
・トップ層への提案のタイミング

アメリカと比較すると、日本がいかに「合議型」であり、「ヒエラルキー重視」の組織文化であるかがよくわかる。

OODAでの意思決定プロセスをそのまま日本で応用するのではなく、イシュー・セリングを用いて、日本の組織文化に適した方法で活用していく必要がある。

そして、リーダーシップよりもマネジメントが主流な日本では、マネージャー兼リーダー的な存在が重要になってくる。若手社員を育成する上でも、早めの権限譲渡をおこなうことで組織全体の活性化を促していく必要があるのだ。

これからの時代に追求すべき「未来の価値」

二〇一五年に国連総会で採択された「我々の世界を変革する：持続可能な開発のための

２０３０アジェンダ（Transforming our world: the 2030 Agenda for Sustainable Development）」を皮切りに、持続可能な開発目標（SDGs）が世の中に普及した。街中でカラフルな丸いバッジをしているビジネスマンを見かけることも多くなった。

ではなぜ、企業はSDGsに注目したのか。「世の中のためになるから？」「地球にとってよい取り組みだから？」、それはそれで間違ってはいない。

しかし、もしそれだけなら民間企業ではなく、行政がやればいいことで、営利目的の民間企業が全社をあげて取り組む価値はどこにあるのだろう。

実は、企業の価値はもはや「未来の価値」なしでは語れなくなったのだ。

第二次パラダイムシフトを思い浮かべてほしい。「小規模分散」が世の中に浸透していくことは、「世の中からモノを消すことに価値が発生する」ということになる。

日本の大手電機メーカーを見渡してほしい。主な黒字化の柱はＢtoＢであり、ＢtoＣ向け事業の大半は赤字なのが現状だ。つまり、それは「生産」する行為自体が黒字ではなく、赤字になってきているのだ。では、その未来でのビジネスの価値とは何なのか。

それは、自社の企業ビジョンと対立するための最適な「敵」と戦っていくことだ。「敵をデザインすること」。これが、第二次パラダイムシフトにおける企業の価値なのだ。

環境問題、資源の枯渇、多様化の価値、さらに脱成長主義といった課題が世の中を取り囲む中、「未来の価値を訴求すること」＝「企業の価値」そのものになってきている。成熟したコミュニティで、「アンパンマン」の魅力を引き出すのに最適な敵キャラ「バイキンマン」は欠かせないように、「最新技術による脱石油燃料化」を目指す「テスラ」が戦う敵は「脱石油燃料化を阻害するすべてのもの」であり、「表現の自由」を目指す「ツイッター」が戦う敵は「表現を検閲するすべて規制」だ。

そのためには、「産業と技術革新の基盤をつくろう」や「つくる責任、つかう責任」、さらに「平和と公正をすべての人に」というような SDGs の目標が必要になってくる。従来の営利目的だけではなく、顧客やステークホルダー、さらには株主などに対して、自社が戦うべき敵をデザインし、未来の価値を創り出していくことが不可欠になったのだ。

「意味的価値」が「技術革新」を超える世界で

「意味的価値（Semantic Value）」という言葉を聞いたことがあるだろうか。これはサービスやプロダクトに対して、消費者の自己表現やこだわりによって生まれる主観的な価値だ。「この商品のコンセプトが好きだ！」みたいな総合的な接点（Holistic Interface）や、「この商品と大切な思い出や体験をした」物理的な接点（(Physical Interface)」、さらには

「この商品は美しい！」と思える「視覚的な接点（Visual Interface）」がある。

実は、この「意味的価値（Semantic Value）」こそがブランド力の根本的なものであり、「使いやすさ」や「役立つ」と対極にある。

たとえば、ブレゲやオメガなどの高級機械式腕時計は数百万円する上、メンテナンス費用も高い。だからと言って、特別に耐衝撃性や防水性に強いわけでもなく、扱いには注意が必要だ。でも、高級機械式腕時計の愛好家は多い。そのブランドが持つ「コンセプト」や「歴史」、さらには「特別な日にその時計をする」という「思い出」、その価値はプライスレスであり、オーナーにとっては最大の意味的価値に値する。


それに対して、数千円で買えるクォーツ時計は、安価な上にメンテナンス費用もそんなにかからない。というよりも、古くなったら新しいものに買い替えればいいので、メンテナンス費用は考えなくてもいい。耐衝撃性や防水性も強いので、気にせずにガンガン使える。まさに「使いやすくて、役立つ」アイテムだ。

車にも同じことが言える。ランボルギーニやアストンマーチンのようなスーパーカーと軽自動車は、同じ車でもまったく別世界のものだ。

アメリカの大学にいたとき、お金持ちの中国の友人が「なんで数千万円もする車に、ド

＜意味的価値と技術革新の関係性＞

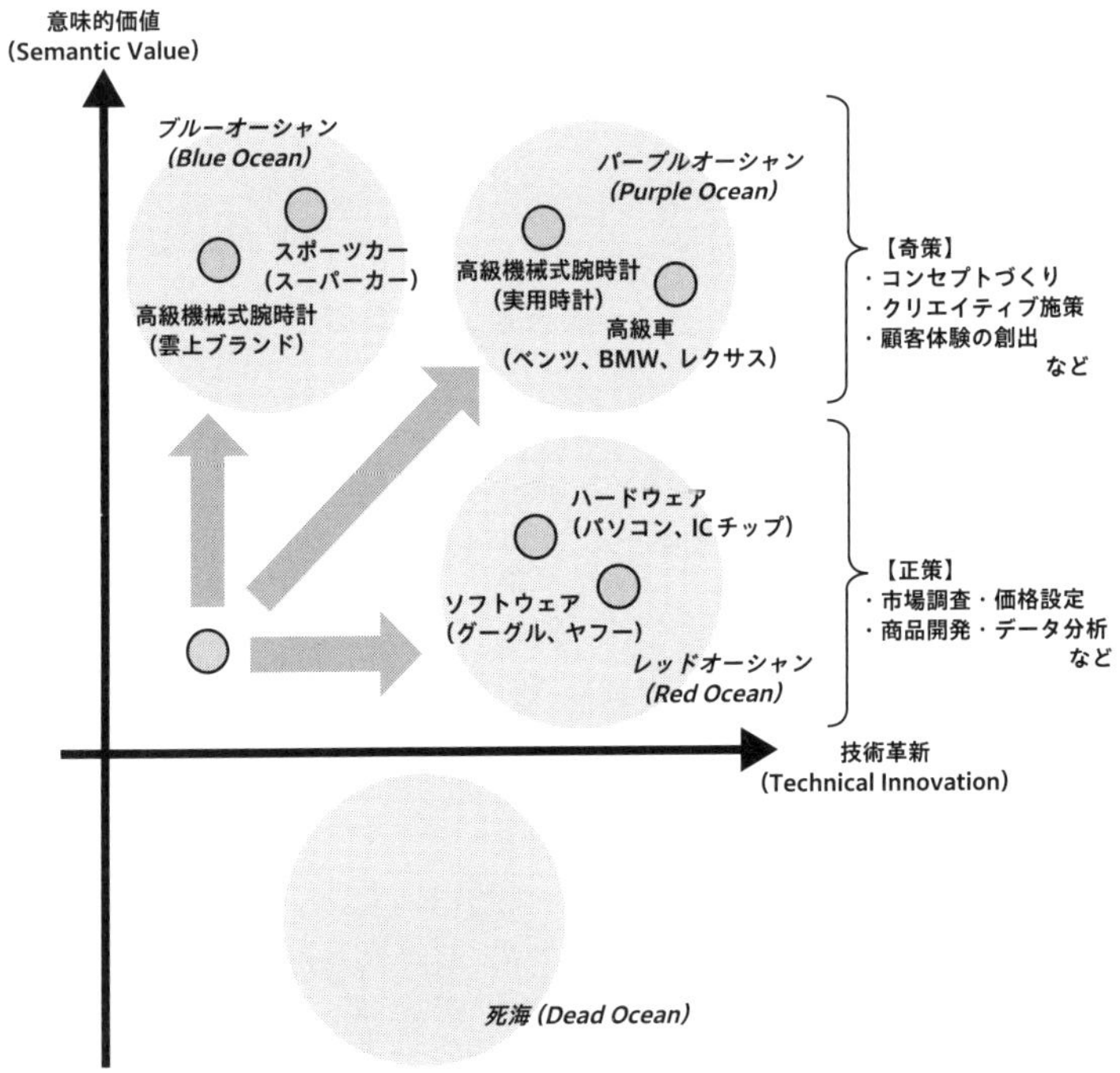

リンクホルダーが二つしかないんだ！」と、仕方なく買ったスタバのコーヒーを助手席に置いていた。つまり、意味的価値と利便性は必ずしも一致しないのだ。

だが、「それでも好きだ！」と思える商品は「強い」。なぜなら、意味的価値が強い商品は、「コピーされても唯一無二の存在であり続けることが可能」だからだ。

本当にブレゲやオメガの腕時計が好きな人は、オマージュ商品や偽物を買わないのと同じで、意味的価値は「コピーができない」という究極の結界「ブルーオーシャン」や、それに準ずる「パープルオーシャン」の中にあるのだ。

一方で、意味的価値が弱い商品は薄利多売の価格勝負になり、業界全体が「レッドオーシャン」と化す。大量生産から小規模分散に移行する第二次パラダイムシフトの世界で、意味的価値が弱い商品は「死海（デッド・オーシャン）」に一番近い存在でもあるのだ。

その意味的価値を生むための方法こそが、「面白いコンセプト」や「その切り口があったか！」みたいなクリエイティビティ、さらには消費者とブランドとの間の体験（ユーザー・エクスペリエンス）を促進する「奇策」なのだ。

利便性による「技術革新（Technical Innovation）」以上に、「意味的価値（Semantic Value）」は、企業の生き残りを大きく左右するポイントでもある。

生き残れる企業が持つ四つの特徴

では、そのような世界で生き残れる企業とは、どのような特徴を持っているのだろう。これまで話してきたＯＯＤＡを用いたリーダーシップが活きる企業には、いくつかの特徴があると考える。

①「誰にでも理解できるシンプルな事業であること」

アイデアの良し悪しは別として、理解できることが大切だ。納得できなくても「一見、狂っているように見えるいいアイデア」かもしれないからだ。

②「サービスやプロダクトの参入障壁が高いこと」

自社の強みを活かした独占力は大事だ。ブランド価値ではなく、既存のサービスやプロダクトに強いオリジナリティがあれば、成功は大いに期待できる。

③「歴史に裏づけされたブランド価値が高いこと」

このブランド価値こそが意味的価値だ。意味的価値が強い企業は時間が経てば経つほど、その価値は強くなる。先ほど例にあげたブレゲやオメガなどがそれにあたる。

④「経営者がお金を効率的に使えて優秀であること」

どんなにいい事業であっても、経営者が浪費家だったり、お金の使い方が荒かったりすると、会社は瞬く間に傾く。適切なタイミングで、大きな経営判断ができる経営陣がいる企業は、価値が高い。

小規模分散された世界で何よりも大切なのは、「好きなことを思いっきり上手にやること」だ。お金はその副産物でしかなく、あなた自身の人生を満たすことはできない。

もちろん、お金でできることはたくさんある。お腹いっぱいになれる十分なご飯や、安全に暮らせる家はお金がないと手に入らない。

だが、それ以上の幸福はお金では買えない。充実した時間や愛する家族は、お金では買えない。大切な家族や仲間と過ごす時間は、人生を豊かにしてくれる。私たちはそのために働き、成長していることを忘れてはならない。

リーダーとして、ＯＯＤＡやＰＤＣＡなどの手法以上に、自分の周りにいる人たちに「心の豊かさ」を分け与えてほしい。

エピローグ

いかがだっただろうか。

「戦略」という言葉の起源は軍事から生まれたもので、時代の流れの中で変化はしてきたが、根本的な部分は変わらない。普段のビジネスで「戦略」と聞いてピンと来なかった人も、その起源である軍事戦略を理解することで、少しはその在り方や活用の方法についてイメージが湧いたかもしれない。

安定した環境で回すＰＤＣＡ、不確実性が高い環境で回すＯＯＤＡ、さらにその中で繰り広げられる「正策」や「奇策」は軍事のみならず、ミステリーやビジネス、さらには伝統芸能の世界でも活用されてきた。

たとえば、腕のよい落語家は、大体の演目内容を頭の中に入れつつも、前振りの会話をしながら会場の客層（男女比率や年齢層など）を観察（Observe）し、細かい部分は柔軟に判断（Orient）して決める（Decide）。その場に相応しい演目をする（Act）ことで、落語の面白さを客席に届けることができる。

すべての意思決定プロセスは迅速かつ臨機応変であり、OODAそのものと言っても過言ではない。

ビジネスでは、「その手があったか！」というクリエイティビティが「奇策」であり、ブランドの個性を映し出す鏡になる。それが世間では「新しさ」や「ユニークネス」として表現される。一般的に言われている「面白い！」は「Funny（笑える）」だが、クリエイターの「面白い！」は「Interesting（興味深い）」になる。

私のようなアメリカ空軍ROTCで訓練された人間が、クリエイティブ領域で「事業開発プロデューサー」（特定のクライアントによっては、クリエイティブ・ディレクターも兼務）として仕事をしながら、たまに執筆したりできるのも、関わるすべての分野に共有点があるからにほかならない。

どの業界においても、その本質は「大同小異」なのだ。

私も日本の学校に通ったことがあるが、暗記がメインの学習に疑問を持ったことは多い。アメリカのように事前に教科書を読み込み、それについてディスカッションする時間が日本では極端に少ない。今の学校がどんな状況かわからないが、物事の本質を捉え、社会で生きていくための「戦略」という術を身に着けることは必要だ。

アメリカのような警察国家だと、軍隊や戦略について気軽に学べるし、中国であれば孫子などの歴史的な戦術に触れる機会は多い。でも私の経験上、日本での歴史の授業は、ひたすら断片的な出来事を暗記した記憶しかなかった。

たとえば、「戦国時代に天下統一した武将は豊臣秀吉」「江戸時代を創ったのは徳川家康」といったように、ポッと出の将軍の名前を暗記させられる。

でも、徳川家康が豊臣秀吉の家来だったことを知っている中高生は、果たしてどれくらいいるだろうか。家康が秀吉の家来として、どんな根回しをおこない、どの策を講じて天下を取ったのか、その経緯を学ぶことこそ、子どもたちが身に着けるべき学習だと思う。

イシュー・セリングを見てもわかるように、ビジネスにおける変革の要が「人間力」だということも、容易に理解できるだろう。そこにあるのは、真っ直ぐな「正策」だけではなく、勝利の決定打となる「奇策」が、常につきまとうことを忘れてはならない。どの業界でも、それをうまく回せない人に成功はないだろう。

第二次パラダイムシフトが到来する近未来で、OODAのような迅速な対応はあらゆる分野で必要になってくる。「戦略」の本質が理解できれば、自分のシチュエーションに合った行動も取りやすくなるに違いない。

皆さんが自分の強みを活かし、それぞれのキャリアで輝かしい成功を収められることを心から願っている。

最後に、本書の出版に際し、ご協力いただいた明治大学の堀田秀吾教授、編集者の丑久保和哉氏、さらに関係者の皆様に心よりお礼を申し上げたい。

二〇二三年　吉日

Very Respectfully,

Aaron Z. Zhu

参考文献

Buell, Thomas B., *The Quiet Warrior: A Biography of Admiral Raymond A. Spruance,* Little, Brown & Co., 1974.

Morison, Samuel Eliot., *History of United States Naval Operations in World War II, Vol. IV, Coral Sea, Midway and Submarine Actions,* Little, Brown & Co., 1949.

Sigal G. Barsade, "The Ripple Effect: Emotional Contagion and Its Influence on Group Behavior." *Administrative Science Quarterly,* Vol. 47, No4, pp.644-675, (Dec.,2002)

George, Bill,. "*Authentic leadership.* Jossey-Bass (2004)

AR 3805 Department of the Army Information Security Program, United States of America.

Dutton, J.E., Ashford, S. J., "Selling Issues to Top Management," *Academy of Management Review,* Vol.18, No.3, pp.397-428, (1993)

Weick, K. E., "Substitutes for strategy", in Teece, D., ed., *The competitive Challenge: Strategies for Industrial Innovation and Renewal,* Ballinger, 1987.

Collins, Jim., *Good to Great: Why Some Companies Make the Leap…and Others Do not.* New York : McGraw-Hill Education, 2014.

Dutton, J. E., Ashford, S. J., O'Neill, R. M., & Lawrence, K. A. (2001)." Moves that matter: Issue Selling and organizational change." *The Academy of Management Journal*, 44(4), 716-736.

Divine, Mark., Machate , Allyson Edelhertz. *The Way of the SEAL: Think Like an Elite Warrior to Lead and Succeed.* Readers Digest, 2013.

「人民日報」１９９７年12月10日

『Think CIVILITY「礼儀正しさ」こそ最強の生存戦略である』クリスティーン・ポラス、夏目大訳／東洋経済新報社

『スタンフォード式最高のリーダーシップ』スティーヴン・マーフィ重松／サンマーク出版

『誰もが人を動かせる！　あなたの人生を変えるリーダーシップ革命』森岡毅／日経ＢＰ

『ケアリング・リーダーシップ　優れたリーダーの「思いやり」のスキル』ヘザー・Ｒ・ヤンガー、弘瀬友稀訳／アルク

『サボタージュ・マニュアル　諜報活動が照らす組織経営の本質』米国戦略諜報局（OSS）、越智啓太監訳、国重浩一訳／北大路書房
『スティーブ・ジョブズⅠ・Ⅱ』ウォルター・アイザックソン、井口耕二訳／講談社
『リーダーシップの教科書　ハーバード・ビジネス・レビュー』ハーバード・ビジネス・レビュー編集部、DIAMONDハーバード・ビジネス・レビュー編集部訳／ダイヤモンド社
『失敗の本質　日本軍の組織論的研究』戸部良一、寺本義也、鎌田伸一、杉之尾孝生、村井友秀、野中郁次郎／中公文庫
『MBAの経営戦略が10時間でざっと学べる』菅野寛／KADOKAWA
『両利きの経営　二兎を追う／戦略が未来を切り拓く』チャールズ・A・オライリー、マイケル・L・タッシュマン、入山章栄監訳、冨山和彦解説、渡部典子訳／東洋経済新報社
『ミドルからの変革　早稲田大学ビジネススクール×SAPジャパン&RELAYからの提言』長谷川博和、池上重輔、大場幸子、SAPジャパン／プレジデント社
『最先端研究で導きだされた「考えすぎない人」の考え方』堀田秀吾／サンクチュアリ出版
『米軍式　人を動かすマネジメント「先の見えない戦い」を勝ち抜くD-OODA経

営』田中靖浩／日本経済新聞出版社
『ＯＯＤＡ ＬＯＯＰ　次世代の最強組織に進化する意思決定スキル』チェット・リチャーズ、原田勉訳／東洋経済新報社
『ビジョナリー・カンパニーＺＥＲＯ　ゼロから事業を生み出し、偉大で永続的な企業になる』ジム・コリンズ、ビル・ラジアー、土方奈美訳／日経ＢＰ
『朱鎔基　死も厭わない指導者』楊中美、河野徹訳／講談社
『上海新世紀　朱鎔基と浦東開発』室井秀太郎／日本経済新聞社
『アイデアは図で考えろ！』アーロン・ズー／クロスメディア・パブリッシング

■著者プロフィール
アーロン・ズー（Aaron Z. Zhu）
電通／事業開発プロデューサー

南カリフォルニア大学卒業。在学時は米空軍ROTCに所属。専門は警察学や諜報など。大手IT企業や外資スタートアップの社外顧問を経て、早稲田大学大学院でMBAを取得。電通に入社後、事業開発やブランド・エクステンションに従事。グッドデザイン賞、厚生労働省医政局長賞など受賞。著書『アイデアは図で考えろ!』など。

◆装丁　大場君人

OODA式《ウーダしき》リーダーシップ
世界《せかい》が認《みと》めた最強《さいきょう》ドクトリン

発行日　2023年 3月20日　第1版第1刷

著　者　アーロン・ズー

発行者　斉藤　和邦
発行所　株式会社　秀和システム
〒135-0016
東京都江東区東陽2-4-2　新宮ビル2F
Tel 03-6264-3105（販売）Fax 03-6264-3094
印刷所　日経印刷株式会社　Printed in Japan

ISBN978-4-7980-6883-1 C0030